KB247971

10대와 통하는 한국 전쟁 이야기

10대와 통하는 한국 전쟁 이야기

제1판 제1쇄 발행일 2013년 6월 25일
제1판 제13쇄 발행일 2025년 1월 20일

글 _ 이임하
편집 _ 책도둑(박정훈, 박정식, 김민호)
디자인 _ 토가 김선태
펴낸이 _ 김은지
펴낸곳 _ 철수와영희
등록번호 _ 제319-2005-42호
주소 _ 서울시 마포구 월드컵로 65, 302호(망원동, 양경회관)
전화 _ (02)332-0815
팩스 _ (02)6003-1958
전자우편 _ chulsu815@hanmail.net

ISBN 978-89-93463-43-9 43910

철수와영희 출판사는 '어린이' 철수와 영희, '어른' 철수와 영희에게
도움 되는 책을 펴내기 위해 노력합니다.

10대와 통하는

한국 전쟁 이야기

왜 전쟁 반대와 평화가
중요할까요?

이임하 지음

차례

3부. 삐라로 보는 한국 전쟁

4부. 정의와 평화로 가는 길

우리에게 평화란 어떤 의미일까요?

몇 년 전, 한국 전쟁 강의 요청에 어떻게 시작할까 고민하는데 초등학교 사회 교과서가 떠오르더군요. '분명 초등학교 교과서는 다르리라.' 이런 마음이었죠. 다행스럽게 집에 딸아이가 쓰던 사회 교과서가 남아 있었습니다. 그런데 교과서를 읽는 순간 너무나 실망스러웠어요. 딸아이가 배운『사회 6-1』에 실린 한국 전쟁 이야기는 이러합니다.

> 1950년 6월 25일, 북한은 남한을 무력으로 통일하기 위하여 전쟁을 일으켰다. 우리 국군은 북한 공산군의 침략에 맞서 용감히 싸웠으나 공산군의 대규모 남침에 일시 후퇴하였다.
> 유엔은 북한을 침략자로 규정하고, 북한 공산군의 침략을 저지하기 위해 유엔군을 우리나라에 파견하였다. 그해 9월, 유엔군의 인천 상륙 작전을 계기로 북한군은 38도선 이북으로 퇴각하였다.
> 이때에 국군은 북한 공산군을 무찌르기 위하여 압록강까지 진격했으나, 중국군의 개입으로 다시 후퇴하게 되었다. 서로 밀고 밀리던 남과 북은,

결국 1953년 7월에 휴전을 하였고, 남북이 분단된 채로 오늘에 이르고 있다.

이 글을 읽고 여러분은 한국 전쟁이 어떤 전쟁인지 알 수 있겠습니까? 교과서는 한국 전쟁의 원인, 과정, 결과를 사진을 곁들여 두 쪽에 걸쳐 설명하고 있습니다. 이를 읽고 '아이들은 전쟁과 평화에 대해 어떤 생각을 할 수 있을까?' 의문이 들었습니다. 생각하는 힘을 기르는 교육이 중요하다면서도 정작 교과서는 이와는 많이 동떨어져 있는 것 같네요.

그러다 〈작은책〉 2008년 3월호에 실린 윤구병의 「나는 왜 농사꾼이 되었나」를 읽게 됐지요. 그이가 농사꾼이 된 사연은 한국 전쟁과 연관되어 있습니다. 그이의 "형 여섯이 6·25 때 다 없어졌"어요. 이 때문에 신식 교육은 자기 목숨조차 지키지 못하는 '몹쓸 교육'이라고 생각한 그이의 아버지가 시골로 내려갔고, 자연스레 그이는 농사꾼이 됐죠.

전쟁통에 자식을 여섯이나 잃은 아비의 심정은 어떨까요? 이와 비슷한 이야기가 권정생의 『무명 저고리와 엄마』에도 나옵니다.

이 동화에는 '복돌이, 차돌이, 삼돌이, 큰분이, 또분이, 막돌이, 무돌이'를 낳은 아기 복이 많은 엄마가 나옵니다. 가난한 살림에 아기들이 태어날 때마다 엄마의 무명 저고리는 더 헐거워지고 기운 자리가 늘었지만 엄마와 아기들은 행복했어요. 그런데 전쟁이 그런 행복을 앗아갔지요. 일제 강점기 독립 운동으로 또는 징병으로 남편과 복돌이, 차돌이, 삼돌이가 엄마 곁을 떠났습니다. 엄마는 한국 전쟁 때 또다시 무돌이, 큰분이, 또분이를 잃었습니다. 오롯이 남은 엄마의 자식은 다리 하나를 잃은 막돌이뿐이었지요.

이 책에는 엄마가 무엇 때문에 자식들을 잃었는지, 막돌이는 싸움터에 나가지 않았는데도 어떻게 다리 하나를 잃었는지, 딸들은 왜 엄마 곁을 떠나야 했는지, 한국에서 평화가 왜 소중한지 따위로 생각거리가 넘쳐납니다. 이런 질문에 답을 찾다 보면 생각하는 힘이 저절로 늘지 않을까요? 단순하게 사실을 추려서 달달 외우는 게 아니라 현실을 살아가는 사람들의 이야기와 사실 뒤에 숨은 뜻을 밝혀내는 역사 교육과 사회 교육이라면 좋지 않을까요?

이 책은 한국 전쟁 때 뿌려진 삐라를 바탕으로 한국 전쟁의 사실과 그 뒤에 숨은 뜻을 다루고 있습니다. 그렇다고 숨은 뜻을 찾는 것만으로 끝나서는 안 되지요. 왜냐하면 아직도 한반도는 전쟁이 끝나지 않은 곳이기도 하고 한반도의 평화가 세계 여러 나라에 영향을 주기 때문입니다. 곧 우리가 어떻게 살아야 하는지를 한국 전쟁은 알려 주기 때문입니다.

책은 모두 네 꼭지로 이루어졌어요. 첫 꼭지에는 전쟁이 일어나기 전 한반도의 상황을 소개합니다. 흔히 말하는 '한국 전쟁의 기원' 또는 '원인'에 관한 이야기로 한반도가 분단되는 과정과 갈등을 다루고 있습니다. 두 번째 꼭지는 교과서에서 한국 전쟁을 '남침→인천 상륙 작전→북진→후퇴→휴전'이라는 군사 작전과 시간 순으로 나눈 방식에 따라 전쟁 과정을 보여 줍니다. 세 번째 꼭지는 전쟁이 군인들만의 일이 아님을 보여 주고 있어요. 한국 전쟁은 싸움터와 후방이 따로 구분되어 있지 않았습니다. 한반도 곳곳이 싸움터였지요. 이 꼭지는 전쟁 과정에서 빼놓을 수 없는, 살아가는 사람들의 이야기입니다. 네 번째 꼭지는 한국 전쟁이 한국 사회에 어떤 영향을 미쳤는지, 삐라가 어떤 세계관을 담고 있는지를 다루었어요. 수십, 수백 번 거듭해 뿌려졌던 삐라는 전쟁 뒤 한국 사회에 그림으로, 노래로, 이야기로, 이름 부르기로 고스란히 다시 나타났지요. 그렇게 전쟁은 삐라의 이미지로 우리 생각 속에서 이어져 왔습니다.

이 책이 읽은 이들에게 한국 전쟁과 한국 현대사를 되새김질하는 기회가 되었으면 합니다. 역사는 옛일을 외우는 게 아니라 지금 우리의 삶과 생각을 짚어 보는 길잡이니까요.

끝으로 10대들에게 한국 전쟁을 생각하게 하는 일이 중요하다며 글쓴이를 격려했던 철수와영희 박정훈 선생님과 함께 일하시는 분들에게 고마움을 전합니다. 또한 봄 방학의 이틀을 나누어 원고를 읽어 준 딸 희준이에게도 고맙다는 말을 하고 싶네요.

2013년 6월 이임하

1부

식민지에서 벗어난 우리나라

01

해방 뒤 우리나라는 어떤 모습이었나요?

1945년 8월 15일, 라디오에서 일본 천황 히로히토의 떨리는 목소리가 흘러나왔습니다.

"본인은 일본 제국의 최고 통치자로서 (…) 일본 제국이 연합군에 무조건 항복하였음을 알리는 바이다. (…)"

그때 우리나라에는 라디오를 가진 사람도 많지 않았고 천황의 목소리도 제대로 알아듣기 어려웠다고 하네요. 8월 15일에는 여기저기 사람들이 모여 웅성거리며 정보를 나누었고 다음 날부터 웅성거림은 함성으로 바뀌어 거리는 사람들의 행렬로 미어졌지요. 사람들은 아무리 쏘다녀도 발이 아픈지 몰랐고 목청껏 "대한 독립 만세"를 외쳐도 목이 잠기지 않았지요.

아 손에 손에 깃발들을 날리며
큰길로 모이는 사람아
우리는 보았다.
이곳에 그냥 기쁨에 취하고, 함성에 목메인 겨레를…

그리고

뒤끓는 환희와 깃발의 꽃바다 속에

무수히 따라가는 아동과 근로하는 이들의 행렬을…

—오장환「8월 15일의 노래」중에서

위에 소개한 오장환의 시는 그런 감격의 순간을 '환희와 깃발의 꽃바다'라고 노래하네요.

그렇다고 사람들이 마냥 기쁨에만 빠져 있지는 않았어요. 새로운 나라를 세우려는 움직임이 여기저기에서 일어났지요. 가장 먼저 모습을 드러낸 조직은 여운형[1]을 위원장으로 하는 조선 건국 준비 위원회(건준)였습니다. 지방에는 북쪽의 회령에서 남쪽의 제주도까지 145개의 지부가 만들어졌어요. 전국 곳곳에 만들어진 건준은 어떤 일을 했을까요? 건준의 강령을 읽으면 짐작할 수 있겠죠.

〈조선 건국 준비 위원회 강령〉

1. 우리는 완전한 독립 국가의 건설을 기함

2. 우리는 전 민족의 정치적 · 경제적 · 사회적 기본 요구를 실현할 수 있는 민주주의적 정권의 수립을 기함

---

1 여운형은 대한민국 임시 정부에 참여했고 1920년대부터 주로 국내에서 활동했어요. 해방을 앞둔 1940년대에 조선 건국 동맹을 조직해 독립을 준비하기도 했지요. 얼굴이 잘생겼고 운동을 좋아하고 연설을 잘했다고 합니다. 그래서 청년들에게 인기가 많았다고 해요. 그러나 해방 뒤인 1947년 암살당했습니다.

3. 우리는 일시적 과도기에 있어서 국내 질서를 자주적으로 유지하며 대중 생활의 확보를 기함

어떤가요? 해방 뒤 한반도에 세워질 나라는 민주주의 원칙 아래 운영되는 독립 국가라고 뚜렷이 밝히고 있지요. 또한 나라가 세워질 때까지 질서를 유지하고 시민의 생활 안전을 꾀하겠다고 합니다. 이 강령대로 건준은 치안을 유지하고 식량을 확보해 혼란을 막고 일본인들이 함부로 물자를 일본으로 가져가지 못하게 했어요. 그렇다 보니 친일파를 뺀 모든 세력이 건준에 참가했고 지방에서는 사람들의 지지를 받으며 지방 자치 기관의 역할을 했답니다.

그렇다면 친일파들은 어떻게 하고 있었을까요? 해방이 되자 친일파들은 대중들의 열기에 눌려 집 밖으로 나오지도 못한 채 벌벌 떨고 있었어요. 그러다가 친일파들에게 희소식이 들려왔죠. 미군이 38도선 이남 지역에 들어온다는 소식이었습니다. 친일파를 포함한 지주, 자본가들은 재빨리 모여 한국민주당을 만들었어요. 한국민주당은 미군정에 앞장서 협력하면서 새로 세워질 나라의 지도자로 이승만을 지지했답니다.

그러나 해방 뒤 가장 강력한 세력은 9월에 다시 조직된 조선공산당이었지요. 조선공산당은 완전한 독립과 농사짓는 사람이 땅을 가져야 한다는 원리를 실현할 토지 개혁을 주장했답니다. 처음에는 미군정에 협조했으나 1946년부터 미군정과 대립해 탄압을 받았습니다.

나라 밖에서 활동하던 세력 가운데 가장 먼저 국내로 들어온 이는

미국에 머물던 이승만이었어요. 이승만은 친일 문제 처리는 뒤로 미루고 '무조건 대동단결'하자고 했지요. 당연히 친일파들이 이승만 주변으로 몰렸답니다. 그리고 김구를 비롯한 충칭 임시 정부 세력은 11월 개인 자격으로 국내로 들어왔어요. 김구는 임시 정부의 법통을 주장하며 한국독립당을 만들었습니다.

한편 건준 위원장을 맡았던 여운형을 중심으로 한 세력도 11월 조선인민당을 조직했어요. 인민당은 좌우 갈등을 최소화하고 좌우가 연합한 정부를 세우려 했습니다.

1945년 12월이 됐을 무렵에는 나라 안팎에서 활동했던 모든 세력이 각자의 정치 조직을 만들고 저마다 어떤 국가를 세울지 목소리를 냈어요. 그런데 시간이 지날수록 그 목소리들은 서로 어우러져 조화를 이루지 못하고 갈등만 점점 커졌습니다. 여기에 더해 사람들의 살림살이는 점점 어려워졌어요. 생활필수품 가격은 날마다 오르고 일제에 쫓겨 해외로 나갔던 사람들도 돌아오는데 일자리가 없어 거리엔 실업자가 넘쳐났죠. 이 틈에 돈벌이를 하려는 모리배들만 날뛰니 '눈 뜨고 코 베인다'는 말이 이때의 사회 모습이었습니다.

02
군정은 어떻게 시작되었나요?

해방은 우리 힘으로 이룬 게 아니랍니다. 그래서 도둑같이 살며시 왔다고도 하고, 꿈같이 뜻밖에 찾아왔다고도 하고, 안개처럼 슬그머니 퍼졌다고도 하고, 거저 주어졌다고도 하지요. 이런 상황을 김구는 『백범일지』에서 이렇게 말했어요.

"'아! 왜적이 항복!' 이것은 내게는 기쁜 소식이라기보다는 하늘이 무너지는 듯한 일이었다. (…) 우리가 이번 전쟁에서 한 일이 없기 때문에 장래에 국제 간에 발언권이 약하리라는 것이다."

김구의 걱정은 곧 현실이 됐어요. 한반도는 38도선을 경계로 북쪽에는 소련 군대가 남쪽에는 미국 군대가 진주했지요. 어떻게 미국과 소련이 한반도에 들어오게 되었을까요? 두 나라 사이에 무슨 약속이라도 있었을까요?

1939년 독일이 폴란드를 침공하면서 제2차 세계대전이 시작됐어요. 독일은 1941년 6월 소련을 침략했고, 일본은 1941년 12월 진주만을 공습했죠. 이렇게 1941년 뒤 미국과 소련은 영국과 함께 독일–이탈리아–일본에 맞서는 연합국의 중심 나라가 됐어요. 1943년 11월 이집트 카이로에서 미국, 영국, 중국의 대표가 모였어요. 곧이어 이란 테헤란에서 미국, 영국, 소련의 대표가 모였답니다. 독일과 일본에 맞서 싸우던 연합국들이 모인 거지요. 이들이 모인 까닭은 전쟁 뒤의 일을 의논하기 위해서였습니다. 일본의 식민지였던 한반도도 관심을 끌었지요. 대표들은 이 자리에서 조선을 적당한 시기에 독립시키기로 합의했답니다. '적당한 시기'가 도대체 언제인지 참 애매하네요. 그런데 미국 대통령 루스벨트는 신탁 통치안을 생각하고 있었답니다. 그는 조선인은 나라를 운영할 능력이 부족하니 수십 년에 걸쳐 준비한 다음 독립시켜야 한다고 생각했던 거지요.

루스벨트는 1945년 2월 얄타 회담에서 소련의 스탈린에게 자신의 생각을 말했어요. 이에 스탈린은 그 기간이 짧을수록 좋다고 대답했죠. 이렇게 해서 미국과 소련 사이에 한반도를 신탁 통치한다는 합의가 이루어졌답니다.

그러다가 1945년 8월 8일 소련이 일본에 선전 포고를 했어요. 소련군은 8월 11일 한반도 북쪽 끝 웅기에 들어왔고 나진, 청진, 원산을 거쳐 25일 평양에서 일본군의 항복을 받았죠. 소련군의 한반도 진격은 미국의 생각보다 훨씬 빨리 이루어졌어요. 소련군이 한반도에 도착할 때 미군은 아직 오키나와에 있었거든요. 소련군의 빠른 진격 속도에 놀란 미국은 8월 13일 두 나라 군대가 북위 38도선을 경계로 한반도를 남북으로 나누어 점령해 일본군을 무장 해제하자고 제안했지요. 그리고 소련이 이에 동의함으로써 38도선을 경계로 한 한반도 분할 점령이 결정되었답니다. 미군과 소련군의 목적이 일본군 무장 해제였다면 당연히 어떤 과정을 거쳐 어떻게 무장 해제할지, 무장 해제가 끝난 뒤에는 어떻게 할지도 정해야 하지 않나요? 그런데 미국과 소련 사이에는 그런 논의가 전혀 없었고, 이를 다룰 기구조차 갖추지 않았어요. 그러니까 한반도 분할은 미국과 소련 사이에 어느 날 불현듯 결정된 일이었죠.

이렇게 해서 한반도 남쪽은 미군이, 북쪽은 소련군이 들어와 자기들의 구미에 맞게 군정을 실시했지요. 군정軍政이란 군이 행정권, 사법권, 입법권을 모두 행사하는 정치 체제입니다. 그래서 미군이 군정을 실시한 1945년부터 1948년 대한민국 정부가 수립될 때까지를 미군정美軍政시대라 부른답니다.

1945년 9월 8일 인천으로 들어온 미군은 군정을 실시하면서 '남한에는 미군정이라는 단 하나의 정부가 있을 뿐'이라고 선언했어요. 태평양 미 육군 총사령부 포고 제1호는 "점령군에 대해서 반항 행동을 하거나 질서 보안을 교란하는 행위를 하는 자는 용서 없이 엄벌에 처한다"고 경고합니다. 그런데 여기서 생각할 게 있습니다. 전쟁을 일으켰던 패전국 일본과 남한에서의 통치 방식이 달랐다는 사실입니다. 미군은 일본에서는 일본인들이 조직한 기구에 행정을 맡겨 간접 통치를 했는데 남한과 오키나와에서는 군정을 세워 직접 통치를 했어요. 그만큼 조선인을 뒤떨어진 민족으로 여겼기 때문입니다.

해방 뒤 한반도에서 나라를 세우려는 자주적 노력은 인정받지 못했어요. 미군정은 서울뿐만 아니라 지방에서 자치 기관 역할을 해 오던 건준이나 대중 단체들을 강제로 해산시켰죠. 미군정은 일제 관료나 경찰, 군인을 비롯한 친일파들도 군정청 관리로 고용했어요. 해방 뒤 숨소리조차 제대로 내지 못했던 친일파들은 다시 거리를 활보하게 됐습니다.

또한 미군정은 국·공유 재산과 일본인 재산을 접수해 군정청 소유로 만들었고, 신한공사를 세워 일제 강점기 때 동양척식주식회사에 속한 토지를 관리했답니다. 그 가운데 일부를 친일파였던 관료나 우익 세력에게 싼값에 팔아 자신의 지지 세력으로 만들었죠.

북한을 점령한 소련도 군정을 실시했어요. 그러나 미국과는 다른 정책을 펼쳤죠. 소련군 사령관 치스차코프는 "조선 인민들이여! 행복은 여러분들 수중에 있다. (…) 붉은군대는 조선 인민이 자유롭게 창조적 노력에 착수할 만한 모든 조건을 만들어 놓았다"는 내용의 포고문을 발표했습니다. 소군정은 일본인으로부터 항복을 받고 각지에 조직된 자치 조직을 그대로 인정했답니다. 물론 소련은 이 조직들을 흡수해 북쪽에 소련을 지지하는 정부가 세워지기를 바랐지만요. 소군정의 힘을 빌려 북쪽에서는 1946년 2월 북조선 임시 인민 위원회가 만들어졌어요. 인민 위원회는 친일파 처리, 중요 산업 국유화, 토지 개혁 따위의 '개혁 정책'을 펼쳤답니다. 북한에서는 이를 '민주개혁'이라 부르는데 이를 계기로 북한에서 김일성을 중심으로 한 세력이 대중의 지지를 얻게 되었지요.

03
한반도에 두 개의 나라가 세워진 까닭

1945년 12월 말, 소련의 수도 모스크바에서 미국, 영국, 소련의 외무 장관이 모였어요. 이를 모스크바 삼상 회의라 부릅니다. 이 자리에서 한반도 문제가 논의되고 결정되었는데 그 결과는 이러했습니다.

'미소 공동 위원회(미소 공위)를 설치하고 조선의 정당 및 사회단체와 협의하여 조선 민주주의 임시 정부를 수립하고 임시 정부는 미소 공위와 신탁 통치를 협의하여 실시한다.'

이 결정안은 12월 28일 아침 6시(모스크바 시간)에 발표되었지요.

그러나 나라 안에 알려진 소식은 사실과 달랐어요. 회의가 끝나기도 전인 1945년 12월 27일, 〈동아일보〉는 1면 머리기사를 '소련이 신탁 통치를, 미국이 즉시 독립을'이라는 제목으로 보도했습니다. 신문은 진실만을 다룬다고 믿고 있는 사람들을 이용한 것이죠. 이 기사에 임시 정부 수립 문제는 한 줄도 언급되지 않았어요. 대신에 신탁 통치만을 강조했고 그것도 미국이 아닌 소련이 주장했다고 했죠. 신탁 통치는 1943년부터 미국이 생각한 방안이었는데 말입니다.

이 소식을 접한 사람들은 참을 수가 없었어요. 사람들은 신탁 통치를 일제 식민 통치와 다를 게 없다 여겼거든요. 그래서 전국에서 신탁 통치를 반대하는 시위가 일어났습니다. 며칠 뒤 모스크바 삼상 회의의 정확한 내용이 알려졌지만 흥분한 사람들을 가라앉히기에는 이미 늦은 뒤였죠. 한국독립당과 한국민주당, 그리고 이승만 등 우익은 반탁 운동에 나섰어요. 이들은 신탁 통치란 한반도를 소련의 연방국으로 만들 속셈이며 이를 지지하는 좌익은 조국을 소련에 팔아먹으려는 매국노라고 공격했습니다. 신탁 통치를 반대하면 애국자요, 찬성하면 매국노가 되었어요. 이 틈에 친일파들은 재빨리 신탁 통치 반대 운동에 열렬하게 끼어들며 애국자로 둔갑했습니다.

이렇게 언론은 사람들에 큰 영향을 미칩니다. 오늘날에도 일본의 역사 왜곡을 줄기차게 반대하는 까닭은 바로 이런 힘 때문입니다. 왜곡이 진실이 되고 그것을 진실이라고 믿는 사람들은 잘못 판단을 하거든요.

그래서 수많은 정보를 생각 없이 받아들이지 말고 꼼꼼히 따져 보는 지혜가 필요합니다.

〈동아일보〉의 왜곡 보도가 해방 공간에 몰고 온 바람은 엄청났지요. 미군정은 자신들에게 몰려 온 대중의 불만을 소련으로 돌렸고 친일파들은 반탁 운동에 참가하면서 애국자인 체했고 일부 대중의 지지를 받았습니다. 반면 해방 공간에서 큰 힘을 가지고 있던 좌익은 대중들을 설득하지 못한 채 많은 지지 기반을 잃어버렸어요.

어수선한 분위기 속에서 미국과 소련이 한반도 문제를 협의하는 미소 공위가 두 차례에 걸쳐 열렸어요. 첫 번째 미소 공위는 1946년 3월, 덕수궁에서 열렸죠. 그리고 1947년 5월, 다시 미소 공위가 열렸지만 아무 성과도 없이 끝나 버렸어요. 전 세계를 무대로 세력 대결을 펼치던 미국과 소련은 더 이상 대화를 나눌 생각이 없었거든요. 결국 미국은 소련의 반대를 무릅쓰고 한반도 문제를 유엔으로 넘겼고 유엔에서는 인구 수에 따라 국회의원을 뽑는 총선거를 치르기로 결정했어요. 북한과 소련은 유엔의 결정이 인구가 많은 남한에만 유리하다 판단하여 이를 거부했지요.

1948년 1월, 총선거를 진행하려고 유엔 한국 임시 위원단이 남한에 들어왔어요. 그러나 북한에는 소련의 거부로 들어가지 못했죠. 결국 남한에서만 선거를 치르고 국회의원을 뽑아 국회를 만든 뒤 단독 정부를 세우기로 결정됐지요.

마침내 1948년 5월 10일, 남한에서는 국회의원을 뽑는 5·10 총선거를 치렀어요. 한반도에서 실시된 최초의 보통 선거였죠. 1948년 5월 31일에는 선거로 뽑힌 국회의원들로 이루어진 국회가 처음 열렸어요. 국회에서는 나라 이름을 대한민국으로 정하고, 이승만을 초대 대통령으로 뽑았답니다. 1948년 8월 15일 오전, 서울 중앙청 광장에서 대한민국 정부가 세워졌음을 나라 안팎에 알리는 기념식이 열렸습니다.

남한에서 정부가 수립된 뒤인 1948년 9월 9일, 북한에서도 조선민주주의인민공화국이 세워졌어요. 수상에는 김일성이 뽑혔지요. 이렇게 해서 한반도는 두 개의 나라로 갈라지고 말았습니다. 해방 뒤 통일 국가를 세우려는 노력은 실패하고 분단으로 귀결되었지요.

남한과 북한에 따로 정부가 들어선 뒤부터 양측의 갈등은 갈수록 심해졌어요. 대화보다는 힘으로 상대를 무너뜨리고 통일을 이루겠다는 생각이었지요. 38도선에서는 작은 전투가 쉴 새 없이 벌어졌고요.

이승만 대통령은 무력으로 통일을 이루겠다는 북진 통일을 주장했어요. 신성모 국방장관은 한술 더 떠서 '점심은 평양에서, 저녁은 신의주에서' 먹을 수 있다고 떠벌리고 다녔지요.

북한 역시 힘으로 남한을 해방시켜 북한과 같은 개혁을 실시하겠다고 군사력을 길렀답니다. 때마침 미 국무장관 애치슨은 1950년 2월 "미국의 극동 방위선은 알류샨 열도, 일본 본토를 거쳐 오키나와로 이어진다"라며 아시아에서 소련과 중국을 막고 일본을 새로운 균형 세력으로 만들겠다고 발표했어요. 이른바 애치슨 선언이에요. 이 발표에 앞서 1949년 미군이 한국에서 완전히 철수했어요. 대부분 이 발표를 미국이 한국을 미군이 지키는 방위선에서 뺀다는 뜻으로 받아들였답니다. 북한 또한 이런 생각을 가지고, 전쟁 준비를 서둘렀습니다.

2부

전쟁의 소용돌이

01

빼라란 무엇인가요?

이 꼭지에서는 한국 사회에서 흔히 알려진 방식대로 한국 전쟁의 과정을 소개하려 합니다. 한국 전쟁의 과정은 대개 '남침→한강 다리 폭파→낙동강 방어선→인천 상륙 작전→서울 탈환과 북진→압록강으로의 진출→중국군의 참전→1·4 후퇴→고지 쟁탈전→휴전'이라는 군사 작전과 시간 순서에 따라 이야기되지요. 한국 전쟁 때 뿌려진 삐라를 갖고 이 과정을 설명하도록 하겠습니다.

삐라는 원래 벽보를 뜻하는 영어 단어 'bill'의 일본어 표현 'ビラ'입니다. 이를 된소리로 발음해 '삐라'라 불렀지요. 국어사전은 '전단傳單'이 바른 표현이라고 하지만 전단이라 하면 낯설기에 여기에서는 그냥 '삐라'라는 말을 쓰겠습니다.

삐라에는 사실뿐만 아니라 이를 만들어 뿌리는 사람의 주관이 들어가 있어요. 그러다 보니 때로는 거짓도 사실로 쓰여 있고, 읽는 이를 협박하기도 한답니다. 이는 삐라의 목적이 단순한 소식 전달만은 아니기 때문입니다. 삐라로 한국 전쟁 과정을 알아보면 전쟁의 상황에 따라 미군이나 한국 정부, 북한군, 중국군이 서로 다른 생각을 가지고 있었고,

그 생각이 시시때때로 바뀐다는 것도 알게 됩니다. 그래서 전쟁 과정에 숨어 있는 각 나라의 속내를 알 수 있죠.

미군은 한국 전쟁에 참가해서 휴전될 때까지 25억 장이 넘는 삐라를 한반도에 뿌렸어요. 펼쳐 놓으면 한반도를 스무 번 뒤덮고 지구를 열 바퀴 돌고도 남는 양입니다. 1950년 세계 인구가 25억 명가량이었으니 한 사람 앞에 한 장씩 나누어 줄 수 있었지요. 이 삐라가 얼마나 많이 뿌려졌는지 어느 날은 펄펄 하늘에서 내려온 삐라가 쌓여 군인들의 무릎까지 차올랐다고 하네요. 물론 북한과 중국도 삐라를 뿌렸습니다. 그 양은 알려지지 않았지만 미군이 뿌린 삐라보다는 훨씬 적었죠.

2013년, 올해는 휴전 협정 60주년입니다. 휴전 협정은 말 그대로 서로 의논하여 전쟁을 얼마 동안 멈추기로 한 약속이지요. 그런 까닭에 남과 북은 여전히 상대를 위협하며 언제 다시 전쟁을 벌일지 모르는 불안한 상태에 있습니다. 그 기원인 한국 전쟁의 과정을 삐라로 알아보도록 합시다.

아! 이 책에 실린 삐라는 맞춤법이 맞지 않더라도 내용 그대로 옮겼습니다. 그래야 더 생생하게 그 시절을 느낄 수 있을 테니까요.

02
전쟁은 어떻게 시작되었나요?

한국 전쟁의 시작을 알리는 많은 글에서 '평화로운 일요일 아침', '어느 날 갑자기'라는 말이 되풀이되어 쓰였습니다. 이는 전쟁 경험담에서 더 자주 쓰였지요. 여하튼 한국 전쟁은 평화로운 일요일, 어느 날 갑자기 일어났다고들 합니다.

그림 1

왜 '어느 날 갑자기', '평화로운 일요일 아침'을 강조했을까요? 삐라에서 말하는 대로 전쟁 전 한국은 평화스러웠을까요?

한국에도 한때는 평화스러운 시절이 있었다. 살구꽃 피는 마을의 어린이들은 거리를 달리며 즐겁게 놀고 있었고 늙은이들은 장죽을 피며 친구들과 옛이야기에 취해 있었으며 부녀들은 장보기에 바빴고 동리 젊은이들은 새 가정을 이루워 행복된 생활을 하고 있었다.

그러나 어떤 날 갑재기 공산주의자라는 무리가 무자비하고 참혹한 전쟁을 시작하였다. 그리하야 평화스럽던 마을은 깨여지고 사람마다 공포 없이는 살지 못하게 되었다.

그러나 멀지않어 한국의 마을들은 다시 평화를 회복하게 될 것이다. 유엔이 제일 먼저 하려는 일은 한국에 평화를 회복시키는 데 있기 때문이다. 이리하야 한국에는 또다시 평화가 돌아와 그 장거리 마을에서는 어린이들의 기쁜 우슴소리를 다시 들을 수 있을 것이며 독립 국가의 자유정신으로 다시 활기를 띠우게 될 것이다.

한국에 평화를 회복하기 위하야 유엔에 적극 협력하라! _ *뒷면 글* **(그림 1)**

이 이야기는 한국을 자유, 통일, 자주 독립 국가로 세우기 위한 유엔의 끄님없는 노력의 기록이다.

1. 1950년 6월 25일. 북한 공산군은 아무런 경고도 없이 대한민국을 침범해 왔다.

2. 1945년 6월 6일. 포츠담에서 스탈린은 카이로 선언에서 약속한 대로

한국전쟁이야기
(1) 1950년 6월 25일 북한공산군은 아무런 경고도 없이 대한민국을 침범하였다.
이 이야기는 한국을 자유롭고 독립된 자주 독립국가로 세우기 위한 유엔의 끊임없는 노력의 기록이다.
(2) 1945년 6월 6일 포츠담에서 스탈린은 카이로 선언에서 약속한대로 일본의 패전후 한국을 자유독립국가로 인정한다는 조약에 미국과 영국대표와 함께 서명하였다.
(3) 1945년 8월 15일 전쟁이 끝나자 한국에 있던 일본군은 미군과 로시아군에게 항복하였다.
(4) 1945년 12월 27일 모스코에서 미국 영국 로시아 세나라는 한국에 자유 민주 통일정부를 세우자는데 동의 하였다.
(5) 그러나 로시아는 이 협정을 이행하지 않을뿐더러 모스코협정을 이행하려는 미국의 노력을 번번이 막아버렸다.
(7) 그러나 로시아 점령군은 유엔위원단의 입북을 거절하였으므로 북한주민들은 자유선거할 기회를 잃고 만 것이다.
(8) 남한에서 공산당 공작대원들은 자유선거를 방해하고 죄 없는 백성들을 살상하였다.
(9) 그러나 1948년 5월 10일 남한주민들은 자유선거를 통하여 한국국회를 세웠다.
(10) 평양괴뢰정부는 거짓말로 한국정부를 비방하고 남한의 치안상태를 교란시키려고 선동하였다.
송전중지
(11) 그리하야 그들은 남한에 보내던 전력을 끊어버렸으므로 많은 농부와 노동자가 직장을 잃고 굶주림에 빠지게 되었다.

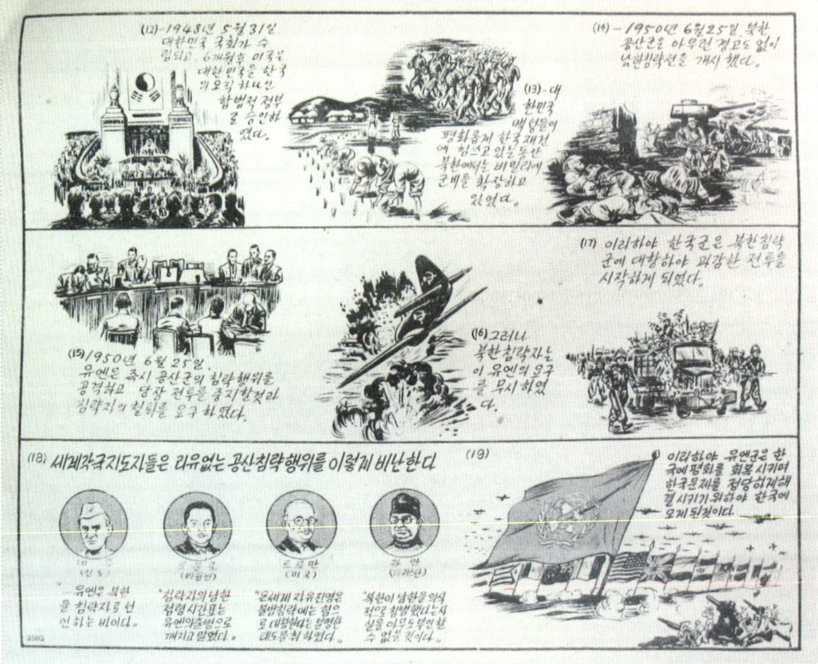
(12) 1948년 5월 31일 대한민국 국회가 수립되고 6개월후 미국은 대한민국을 한국의 오직 하나인 합법적 정부로 승인하였다.
(13) 대한민국 백성들이 평화롭게 한국재건에 힘쓰고 있을 동안 북한에서는 비밀리에 군비를 확장하고 있었다.
(14) 1950년 6월 25일 북한공산군은 아무런 경고도 없이 남한침략전을 개시 했다.
(15) 1950년 6월 25일. 유엔은 즉시 공산군의 침략행위를 공격하고 당장 전투를 중지할것과 침략자의 철퇴를 요구하였다.
(16) 그러나 북한침략자는 이 유엔의 요구를 무시하였다.
(17) 이리하야 한국군은 북한침략군에 대항하야 과감한 전투를 시작하게 되었다.
(18) 세계각국지도자들은 리유없는 공산침략행위를 이렇게 비난한다
트루만
(미국)
"…유엔은 북한을 침략자로 선언하는 바이다."
"침략자의 남한 점령시간표는 유엔의 출병으로 깨지고 말었다."
"온세계 자유진영은 불법침략에는 힘으로 대항한다는 분명한 태도를 취하였다."
"북한이 남한을 의식적으로 침범했다는 사실을 아무도 부인할 수 없을 것이다."
(19) 이리하야 유엔군은 한국에 평화를 회복시키며 한국문제를 정당하게 해결시키기 위하야 한국에 오게 된것이다.

그림 2, 그림 2-1

일본의 패전 후 한국을 자유 독립 국가로 인정한다는 조약에 미국과 영국 대표와 함께 서명하였다.

3. 1945년 8월 15일. 전쟁이 끝나자 한국에 있던 일본군은 미군과 로서아군에 항복하였다. 이어서 로서아는 38 이북을 막아 버린 것이다.

4. 1945년 12월 27일. 모스코에서 미국, 영국, 로서아 세 나라는 한국에 자유, 민주 통일 정부를 세우자는 데 동의하였다.

5. 그러나 로서아는 이 협정을 리행하지 않을 뿐더러 모스코 협정을 리행하려는 미국의 노력을 연달아 막아 버렸다. (…)

9. 그러나 1948년 5월 10일 남한 주민들은 자유 선거를 통하여 한국 국회를 세웠다. (…)

14. 1950년 6월 25일. 북한 공산군은 아무런 경고도 없이 남한 침략전을 개시했다.

15. 1950년 6월 25일. 유엔은 즉시 공산군의 침략 행위를 공격하고 당장 전투를 중지할 것과 침략자의 철퇴를 요구하였다.

16. 그러나 북한 침략자는 이 유엔의 요구를 무시하였다. (…)

19. 이리하야 유엔군은 한국에 평화를 회복시키며 한국 문제를 정당하게 해결시키기 위하야 한국에 오게 된 것이다. **(그림 2, 2-1)**

〈그림 1〉과 〈그림 2, 2-1〉은 모두 일본 도쿄에 있던 미 극동군 사령부가 만든 삐라입니다. 〈그림 1〉을 볼까요? 어른부터 아이들에 이르기까지 많은 사람들이 북적거리는 시장에서 자유롭게 물건을 사고 있네요. 이 그림에는 "그 시절-유엔은 그리운 그 시절을 회복하기 위하야

힘쓰고 있다"고 쓰여 있죠. 곧 행복했던 현실을 가운데 두고 한쪽에는 이를 파괴한 공산주의가, 다른 한쪽에는 행복했던 시절을 되찾아 줄 유엔이 자리하고 있어요. 그 행복했던 시절은 삐라가 말하는 바처럼 '어느 날 갑자기' 침략한 공산주의자들 때문에 깨졌습니다.

〈그림 1〉이 일상생활의 행복과 평화를 깨트린 '어느 날 갑자기'를 보여 준다면 〈그림 2〉는 정치 상황에서의 '어느 날 갑자기'를 알려 줍니다. 〈그림 2〉를 다시 한 번 읽어 보죠. 삐라는 38도선으로 남북이 나뉜 까닭, 모스크바 삼상 회의 결정, 유엔 한국 임시 위원단의 입국, 5·10 선거와 대한민국 정부의 수립, 남한의 평화로운 재건과 대비된 북한의 군비 확장 그리고 침략의 차례로 해방 뒤 5년 동안의 한반도 상황을 글과 그림으로 설명했어요. 앞서 1부에서 다 읽었던 내용들이죠. 여러분의 기억을 되살려 이 부분을 다시 정리해 보세요. 어떤가요?

이 전쟁 이야기는 한국인의 입장에서 쓰인 듯하지만 사실은 미국의 입장만 도드라져 있지 않습니까? 그 속에는 해방 뒤 한반도에서 벌어졌던 다양하고 격렬한 사람들의 이야기, 해방의 기쁨, 새 나라를 향한 열정, 군중의 물결 따위는 아예 나와 있지도 않잖아요. 곧 〈그림 2〉의 삐라에는 사람들 사이에 의견이 분분했던 '어떻게 통일 국가를 세울지'가 들어 있지 않습니다.

더구나 이 전쟁 이야기에는 사실과 다른 내용도 있어요. 1945년 2월 얄타 회담에서 미국 대통령 루스벨트가 스탈린에게 "한국을 20~30년 동안 신탁 통치하자"고 말하자 스탈린은 "그 기간이 짧을수록 좋다"고 대답했어요. 그해 7월에 열린 포츠담 회담에서도 카이로 선언을 확인했을 뿐 한국 문제는 구체적으로 이야기되지 않았죠. 해방될 때까지 연합국은 "신탁 통치를 실시한다"고 잠정적으로 합의했을 뿐입니다.

〈그림 2〉 삐라의 세 번째 항목은 소련이 한반도에 38도선을 그어 남과 북의 왕래를 막은 듯이 쓰여 있네요. 그러나 미·소의 한반도 분할 점령은 소련이 미국의 제안을 받아들이면서 이루어졌어요. 곧 38도선을 경계로 한 한반도 분할 점령을 주도한 국가는 소련이 아닌 미국이었답니다.

〈그림 2〉 삐라의 네 번째와 다섯 번째 항목은 모스크바 삼상 회의의 결정 내용으로 미국은 소련의 방해로 이를 이행하지 못했다 말하고 있습니다. 이도 사실과 다르다고 앞에서 말했지요. 이는 미국과 소련의 주장이 뒤바뀌어 소개된 것으로 이로 말미암아 해방 공간은 혼란 속으로 빠져들었지요. 전쟁 전 한국은 〈그림 1〉의 삐라가 말하는 것처럼 평화스럽지는 않았습니다.

전쟁 전까지 38도선에서는 874회에 이르는 크고 작은 무력 충돌이 있었고요, 제주도 사람들은 4·3 항쟁[2]으로 군과 경찰 그리고 무장대

---

2 4·3 항쟁은 1948년 남한에서만 치르는 선거와 단독 정부 수립을 반대하여 일어났습니다. 여기에는 제주도 사람들의 불만도 작용했습니다. 1947년 평화적인 3·1절 기념 시위에 경찰이 발포하여 여섯 명이 사망한 일이 있었습니다. 이에 제주도 사람들이 항의했지만 미군정은 육지에서 경찰을 보내 무자비하게 진압했습니다. 정부가 세워진 뒤 무장대를 잡아들인다고 토벌 작전을 벌였는데 이 과정에서 제주도 사람들이 목숨을 잃었습니다. 「제주 4·3사건 진상 조사 보고서」는 제주도에서 희생된 인원을 무려 2만 5,000명에서 3만 명으로 추산했습니다. 진상 조사 보고서는 전체 희생자의 3분의 1이 열 살도 안 된 어린이와 노인, 부녀자였다고 밝혔습니다.

에게 죽음을 당했어요. 여순 사건도 마찬가지였지요. 이때 일제의 치안 유지법을 본뜬 국가 보안법이 제정됐습니다. 다른 한편에서는 친일 행위를 한 반민족 행위자를 처벌할 반민족 행위 특별 조사 위원회가 경찰의 습격으로 해산당했죠. 또한 통일의 상징으로 떠오른 김구는 포병 소위 안두희의 흉탄에 쓰러졌고요. 그야말로 한국은 하루도 조용한 날 없는 상황이었습니다.

그렇다면 정치는 비록 혼란스럽더라도 사람들이 먹고살기는 편안했을까요? 사람들은 시장에 나와 즐겁게 물건을 살 수 있었을까요? 지금도 마찬가지지만 물가가 오르면 소비자는 지갑을 열지 않는 법입니다. 전쟁 전 일상생활도 마찬가지였죠. 1945년 8월 해방될 때 사람들은 쌀 한 말을 124원에 샀어요. 그런데 1948년에는 열다섯 배 가까이 올라 1,840원을 주어야만 쌀 한 말을 살 수 있었죠. 쌀만이 아니었습니다. 쇠고기 한 근은 19원에서 307원으로, 돼지고기 한 근은 26원에서 285원으로, 달걀 한 꾸러미 열 개는 21원에서 248원으로, 어린이 운동화 한 켤레는 48원에서 376원으로 값이 올랐답니다. 모든 물건값이 열 배 넘게 오른 셈이죠. 2010년 4만 8,000원 하던 운동화 한 켤레가 2013년 50만 원으로 올랐다고 상상해 보세요. 아마 여러분은 운동화를 살 수 없겠지요. 그러니 누가 시장에 나가 물건을 사며 행복한 미소를 지을 수 있었겠습니까?

전쟁 이야기를 '어느 날 갑자기'로 시작하는 진짜 속내는 전쟁을 지진이나 태풍 같은 천재지변으로 만들어 전쟁에 대비하지도 못했고, 전쟁이 벌어지자 국민을 내팽개친 채 제 한 몸 피하기에 급급했던 대한민국 대통령과 장관들이 짊어져야 할 책임을 남의 탓으로 돌리기 위해서입니다. 국방부의 책임은 더 말할 나위도 없고요. 이러한 관행은 지금도 심심찮게 들을 수 있잖아요. 청문회 자리에서 '몰랐다'고 답변하는 장관 후보자들이나 2010년 연평도 포격 뒤 불에 그을린 보온병을 들고 포탄 껍데기라며 사진 촬영이나 하는 정치인의 태도가 이와 무엇이 다릅니까?

북한의 전쟁 의도를 '몰랐다'고 대답한다 해서 모든 책임이 없어지지는 않습니다. 청렴결백까지는 바라지도 않아요. 다만 자기가 맡은 일에 책임을 다하는 정치인과 장관이라면 더 이상 바랄 나위가 없겠죠. 왜냐하면 국민들은 국민으로서의 의무를 수행하고, 대통령과 장관들은 그런 국민을 보호할 책임이 있기 때문입니다. 그런데도 전쟁이 '어느 날 갑자기' 일어나 '몰랐다'는 말로 책임을 회피해서야 되겠습니까? 그럼에도 오랫동안 한국 사회에서 한국 전쟁이 '어느 날 갑자기' 시작되었던 까닭은 이런 이유 때문이겠지요.

03
대통령은 뭘 했나요?

아래의 두 글은 대통령 이승만이 1950년 6월 27일 대전에서 전화로 국민을 격려한 방송 내용입니다.

> 미(국)의 적극적인 군사 원조가 있을 터이니 국민은 총궐기, 반란 분자를 퇴치하여야 한다. (오후 11시, 이승만 대통령 특별 방송)[3]

> UN에서 우리를 도와 싸우기로 작정하고, 이 침략을 물리치기 위해 공중으로 군기 · 군물을 날라와서 우리를 도우니까 국민은 좀 고생이 되더라도 굳게 참고 있으면 적을 물리칠 수 있을 것이니 안심하라. (대통령 수행 비서의 증언)[4]

'국민은 안심하라'는 방송은 북한군이 서울로 들어오기 4시간 전 어찌할 바를 모르는 국민들에게 대통령이 전쟁 뒤 처음 한 담화였어요.

---

3 대한민국 국방부 정훈국 전사 편찬회, 『한국 전란 1년지』, 1951, B12.

4 중앙일보사 편, 『민족의 증언1』, 중앙일보사, 1983, 37쪽.

같은 날, 오전 8시에 비상 국회가 열렸는데 참모총장 채병덕이 참석해 국회의원들에게 "근일 중에 백두산에 태극기를 꽂는다"는 허황된 보고를 했지요. 이에 고무된 국회는 "국회의원은 100만 서울 시민과 함께 수도를 사수한다"는 수도 사수 결의안을 만장일치로 통과시켰답니다. 이 결의안을 갖고 국회부의장이 경무대(지금의 청와대)로 갔으나 이승만 대통령은 이미 몰래 서울을 떠난 뒤였죠.

한국 전쟁 동안 서울 시민에게 1950년 6월 27일은 가장 긴 하루였어요. 북한군은 수색을 점령했고 의정부를 거쳐 서울로 들어오려던 참이었지요. 서울 근교에서 들려오는 대포 소리가 점점 커지자 일부 시민들은 짐을 꾸려 한강으로 몰려갔지만 대통령의 '안심하라'는 방송을 듣고는 다시 집으로 돌아가는 사람들도 많았답니다.

그렇게 긴 하루를 보낸 서울 시민들은 불안 속에서 다음 날을 맞이했어요. 불안의 실체는 28일 새벽에 고스란히 드러났지요. 28일 새벽 2시 28분 한강 다리가 폭파됐고, 북한군이 서울에 들어왔거든요. 이날, 한강 다리 위에 있던 수백 명의 피난민과 군인들이 부서진 한강 다리와 함께 강으로 떨어져 물결에 휩쓸려 갔어요.

대통령이 자기만 살자고 국무위원도, 국회의원도 모르게 몰래 서울을 빠져나간 지 22시간 만에, 서울 시민들에게 걱정하지 말라는 대통령의 방송이 있은 지 3시간 반 만에 벌어진 일이었죠.

평민은 남쪽으로 나려오지 말 것

근래 공산도배들은 미군 또는 한국 군인으로 변복하거나 또는 평민처럼

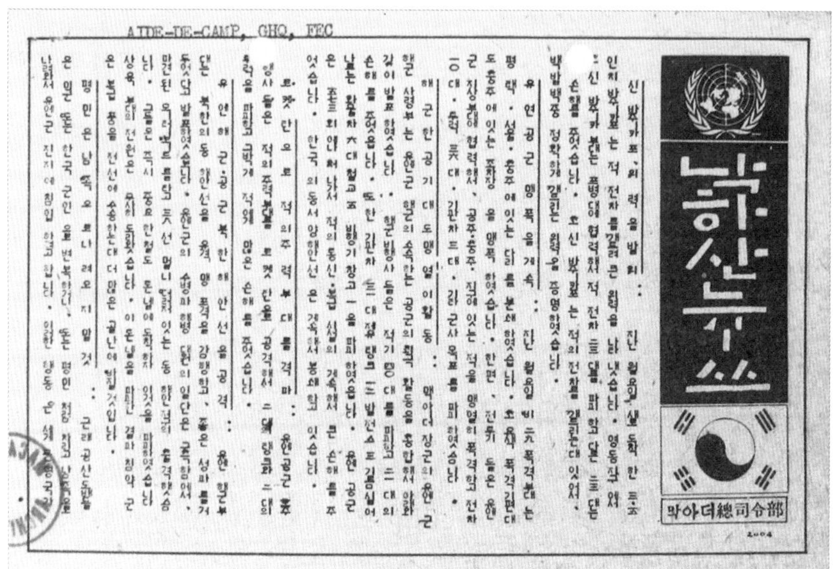

AIDE-DE-CAMP, GHQ, FEC

낙하산뉴스

막아더總司令部

신 밨가포, 위력을 발휘 : 지난 월요일 새로 도착한 三·五 인치 밨가포는 적 전차를 깨뜨려 큰 위력을 나타냈습니다. 영동작전에서 三·五 인치 밨가포부대는 포병대와 협력해서 적 전차 三대를 파괴하고 三대는 손해를 주었습니다. 또 신 밨가포는 적의 전차를 깨뜨리는데 있어서 백발백중 정확하게 깨뜨리는 위력을 증명하였습니다.

유엔 공군 맹폭을 계속 : 지난 월요일 B二九 폭격부대는 평택·서울·충주에 있는 다리를 분쇄하였습니다. 또 B二六 폭격기편대는 충주에 있는 조차장을 맹폭하였습니다. 한편, 전투기들은 유엔군 지상부대와 협력해서, 공주·충주·진주에 있는 적을 맹렬히 폭격하고 전차 一○대·트럭 三六대·기관차 三대·기타 군사목표를 파괴하였습니다.

해군 한 공기대도 맹렬이 활동 : 맥아더 장군의 유엔군 해군 사령부는 유엔군 해군의 소속한 공군의 최근 활동을 종합해서 아래와 같이 발표하였습니다. 해군 비행사들은 적기 四대를 파괴하고 三대의 손해를 주었습니다. 또한 기관차 三대 전차 탱크 三 발전소 三 기름실어 나르는 화차 六대 철교 五 비행기 창고 一을 파괴하였습니다. 유엔 공군은 [illegible] 회령에서 나가서 적의 통신·보급 시설의 계속해서 큰 손해를 주었습니다. 한국의 동서 양해안선은 계속해서 봉쇄하고 있습니다.

로켓단으로 적의 주력부대를 격파 : 유엔공군 [illegible] 비행사들은 적의 주력부대를 로켓단으로 공격해서 三대 탱크와 三대의 [illegible]를 파괴하고 [illegible] 적에게 많은 손해를 주었습니다.

유엔 해군·공군 북한 해안선을 공격 : 유엔 해군부대는 북한의 동해안선을 [illegible] 맹폭격을 감행하고, 좋은 성과를 거두었다고 발표하였습니다. 유엔군의 [illegible] 대원의 일단은 군함에서 [illegible] 목표를 [illegible] 중요한 철도 [illegible] 동 [illegible] 파괴하였습니다. [illegible] 전원은 무사히 돌아왔습니다. 이 [illegible] 결과 침약군은 보급품을 전선에 수송하는데 더 많은 곤난에 빠질것입니다.

평민은 남쪽으로 나려오지 말 것 : 근래 공산도배들은 의복 또는 한국 군인을 변복하거나, 또는 평민처럼 차리고 남쪽으로 나려와서 유엔군 진지에 침입하려고 합니다. 이러한 행동은 세계 문명국가

그림 3

차리고 남쪽으로 나려와서 유엔군 진지에 침입하려고 합니다. 이러한 행동은 세계 문명국가가 준수하는 제네바 협약에 위반입니다. 이를 중지식히기 위해서 일반 시민은 이동하지 마러야 합니다. 유엔군은 누구를 물론하고 전선으로 향하여 이동하지 못하도록 금할 것인대 이 리유는 누가 대한민국에 충성이 잇는 자인지 그럿치 안코 공신도배들인지 분간하기 어려운 까닭입니다. 침착히 집에 계십시오. 남쪽으로 이동하지 마십시오. 왜 그러냐 하면 대한민국 국군과 유엔군이 절대로 필요한 보급품과 병력을 전선으로 운반하는대 지장이 잇는 까닭입니다. **(그림 3)**

위 글은 '낙하산 뉴스'라는 삐라로 1950년 7월 31일에 10만 장가량 뿌렸어요. 일반 시민은 군사 작전에 방해가 되니 남쪽으로 내려오지 말

고 집에 머물러 있으라는 내용입니다.

다리를 건너는 군인과 서울 시민을 강물로 몰아넣었던 한강 다리의 비극은 그 뒤에도 이어졌어요. 미군은 북한군의 진격을 늦추려 수많은 다리를 폭파했거든요. 낙동강의 득성 다리와 왜관 다리 폭파도 한강 다리 폭파와 비슷했답니다.

미군은 낙동강 방어선으로 후퇴하면서 영동, 상주, 김천, 왜관에 사는 주민들에게 마을을 떠나 남쪽으로 가라고 했어요. 마을을 떠난 피난민들은 낙동강을 건너려 칠곡군 왜관읍의 왜관 다리와 고령군 득성리의 득성 다리로 몰려들었지요. 그러나 미군은 군의 철수가 끝나자 공중 폭격으로 다리를 파괴했답니다. 수백 명의 피난민이 낙동강 물결 속으로 떨어졌지요.

이런 일은 중국군에 밀려 후퇴하면서 다시 벌어졌어요. 인천 상륙에 성공한 미군과 한국군은 38선을 넘어 압록강까지 다다랐지만 중국군의 전쟁 개입으로 남쪽으로 후퇴했습니다. 서울에서는 정부가 후퇴하리라는 소문이 돌았지만 '민간인은 남쪽으로 이동하지 말라'는 경고가 비행기 확성기에서 흘러나왔지요.

1950년 12월 24일, 이승만 대통령은 서울 시민의 피난을 결정했고, 내무부 장관은 서울 철수 정책을 발표했어요. 당연히 수많은 시민들이 서울을 떠나려 한강으로 몰려나왔겠죠. 서울 시민들은 지난여름 한강을 건너지 못해 북한군과 정부로부터 당한 수모를 잊지 않고 있었으니까요. 한강 변 곳곳에서 빨리 강을 건너려는 서울 시민들과 군사 작전의 효율을 앞세운 유엔군 사이에 실랑이가 벌어졌습니다. 그러자 유엔

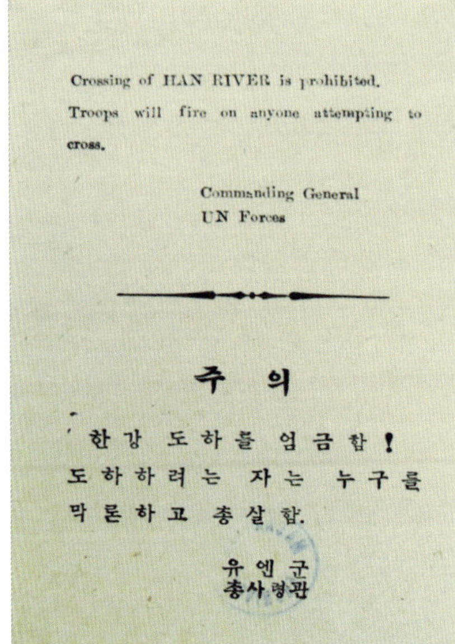

Crossing of HAN RIVER is prohibited. Troops will fire on anyone attempting to cross.

Commanding General
UN Forces

주의

한강 도하를 엄금함! 도하하려는 자는 누구를 막론하고 총살함.

유엔군
총사령관

그림 4

Movement of refugees is forbidden. Return to your homes or move off roads to the hills and remain there. Any persons or colums moving toward the United Nations Forces will be fired on.

COMMANDING GENERAL
UN FORCES.

주의!

피난민의 이동을 엄금함!
각자의집으로 도라가든지 혹은
행길을 떠나 산속에 머물르라
어떤사람이나 행렬을 막론하고
유엔군쪽으로 오는자는 총살함

유엔군총사령관

그림 5

군은 '한강을 건너오는 것을 금지한다. 건너오는 자는 누구든지 쏜다'는 내용의 삐라를 뿌렸어요.

주의

한강 도하를 엄금함! 도하하려는 자는 누구를 막론하고 총살함.

유엔군 총사령관 **(그림 4)**

주의!

피난민의 이동을 엄금함!

각자의 집으로 도라가든지 혹은 행길을 떠나 산속에 머물르라. 어떤 사람이나 행렬을 막론하고 유엔군 쪽으로 오는 자는 총살함.

유엔군 총사령관 **(그림 5)**

이 삐라들은 한강을 건너오는 모든 민간인을 적이라고 말하네요. 실제로 미군에게는 피난민에게 총을 쏠 수 있는 권한이 주어졌어요.

앞서 전쟁 초기 뿌려진 삐라(그림 3)를 보면 위장한 채 피난민 속에 숨어 침투하는 행위가 제네바 협정 위반이라 했죠. 그런데 피난민의 이동을 가로막고 피난민에게 총을 쏘는 행위는 무엇인가요? 아마도 유엔군이 그토록 강조했던 '국제법에 의해 지휘관에게 부과된 인도주의적 의무'를 내팽개친 행위가 아닐까요.

04
북한군은 어디까지 내려왔나요?

아래 삐라는 북한군 점령 아래 있는 민간인에게 뿌려졌어요. 내용은 민간인이 어떻게 처신해야 하는지를 말하고 있습니다. 그런데 그게 유엔군이 올 때까지 고통을 참고 기다리는 방법뿐 아무것도 없지요.

공산군에 점령된 남한 동포 여러분!! (…) _ *앞면 글*

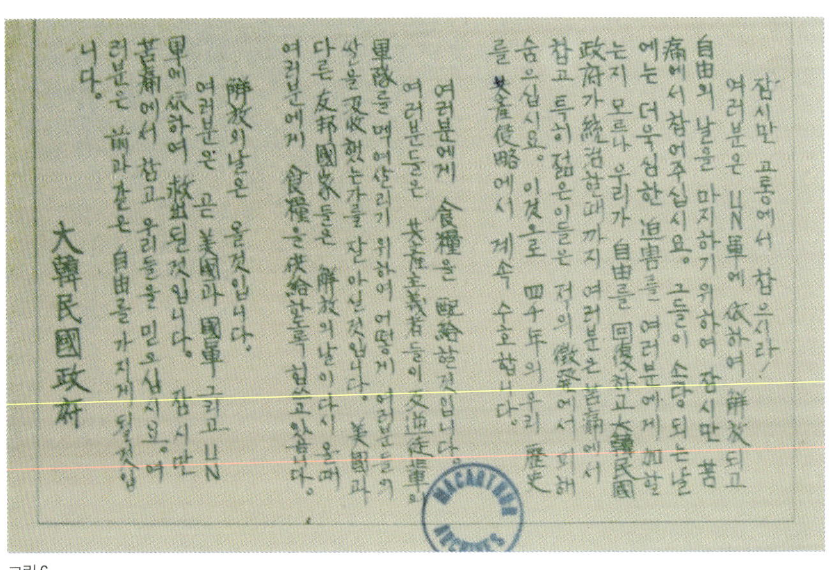

잠시만 고통에서 참으시라!
여러분은 UN軍에 依하여 解放되고 自由의 날을 마지하기 위하여 잠시만 苦痛에서 참어주십시요. 그들이 소당되는 날에는 더욱심한 迫害를 여러분에게 加할는지 모르나 우리가 自由를 回復하고 大韓民國政府가 統治할때까지 여러분은 苦痛에서 참고 특히 젊은이들은 저의 徵發에서 피해 숨으십시요. 이것으로 四千年의 우리 歷史를 共產侵略에서 계속 수호합니다.

여러분에게 食糧을 配給할것입니다.
여러분들은 共產主義者들이 反逆徒輩의 軍隊를 먹여살리기 위하여 어떻게 여러분들의 쌀을 沒收했는가를 잘 아실것입니다. 美國과 다른 友邦國家들은 解放의 날이 다시 올때 여러분에게 食糧을 供給하도록 準備하고있읍니다.

解放의 날은 올것입니다.
여러분은 곧 美國과 國軍 그리고 UN軍에 依하여 救出될것입니다. 잠시만 苦痛에서 참고 우리들을 믿으십시요. 여러분은 前과 같은 自由를 가지게 될것입니다.

大韓民國政府

그림 6

잠시만 고통에서 참으시라!

여러분은 유엔군에 의하여 해방되고 자유의 날을 마지하기 위하여 잠시만 고통에서 참어 주십시오. (…) 특히 젊은이들은 적의 징발에서 피해 숨으십시요. 이것으로 4천 년의 우리 역사를 공산 침략에서 계속 수호합니다. (…)

해방의 날은 올 것입니다.

여러분은 곧 미국과 국군 그리고 UN군에 의하여 구출될 것입니다. 잠시만 고통에서 참고 우리들을 믿으십시요. 여러분은 전과 같은 자유를 가지게 될 것입니다.

대한민국 정부 _ *뒷면 글*

(그림 6)

이 삐라만 그럴까요? 1950년 8월 15일을 맞아 국무총리 서리이자 국방부 장관이었던 신성모의 이름으로 뿌려진 삐라를 읽어 볼까요.

"전국 동포께서는 우리를 믿어 안심하고 당면한 적과 용감히 싸워 주어야 합니다. (…) 수도 서울의 시민 여러분과 전국 중요 도시의 동포 여러분은 이날에 강요될 적의 소집령이나 노동 명령을 철저히 거부하고 귀중한 자녀들과 함께 공비의 집결지에서 피난하여 주십시오. 용감하게 비적과 싸흐든지 그렇지 않으면 반듯이 피신하여 적도들에게 퍼부어질 폭격에서 멀리 하여야 됩니다."

국무총리는 북한군 점령 아래 있는 국민에게 '싸우든지 피신하든지'를 선택하라라고 합니다. 이 논리대로라면 한강 다리가 폭파돼 피신할 수 없었던 서울 시민에게는 오직 싸우는 길밖에 없겠죠. 그럼 어떻게 무엇으로 싸워야 할까요? 싸우려면 제대로 먹고 배라도 든든해야 하는데 먹을거리는 제대로 있었을까요? 북한군 점령지 민간인에게 가장 중요한 문제는 식량이었어요. 오늘날도 상점이나 식당이 모두 문을 닫으면 서울 시민이 얼마나 버틸 수 있을까요? 일주일도 버티기 힘들겠죠. 서울대학교에서 역사를 가르쳤던 김성칠은 1950년 7월 11일 일기에 그때의 상황을 이렇게 적었어요.

"민民은 이식위천以食爲天이니만큼 무어니 무어니 해도 식량이 제일 큰 문제이다. 인민군은 들어와서 제일 먼저 집집마다 식량을 조사하고 이를 뒤져 내어서 마을의 굶은 사람들에게도 나눠 주고 남으면 자기네도 갖다 먹곤 하였다. 그때의 약속은 1주일 안으로 식량 배급이 있다고 장담하였었다. 그러나 2주일이 지난 오늘날까지 아무 데서도 식량이 있단 말을 못 들었다."[5]

사정이 이러니 서울 시민에게는 싸울 무기는 고사하고 싸울 힘조차 없었답니다. 결국 국무총리의 말은 서울 시민에게 어떤 희망도 주지 못했지요.

대한민국 국군 장병 제군!

지난 6월 25일 강대한 적의 공격 개시 이래 제군은 꾸준히 용전하여 왔

---

5 김성칠, 『역사 앞에서』, 창작과 비평사, 1993, 95쪽. 王者以民爲天, 而民人以食爲天. 한나라 때 사마천이 쓴 『사기史記』에 나오는 말로 '왕은 백성으로써 하늘을 삼고, 백성은 먹을 것으로써 하늘을 삼는다'는 뜻입니다.

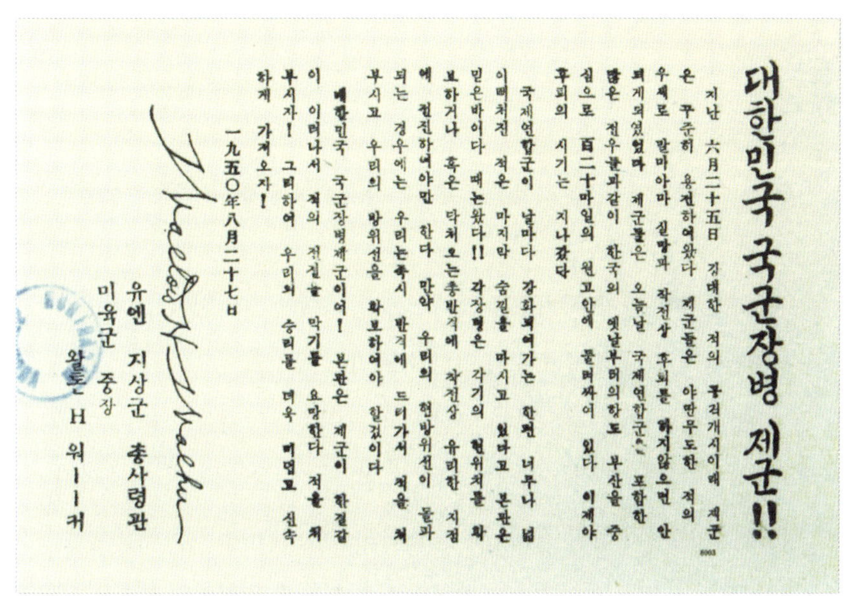

대한민국 국군장병 제군!!

8003

지난 六月二十五日 강대한 적의 공격개시이래 제군은 꾸준히 용전하여왔다 제군들은 야만무도한 적의 우세로 말미아마 실망과 작전상 후퇴를 하지않으면 안되게되였었다 제군들은 오늘날 국제연합군을 포함한 많은 전우들과같이 한국의 옛날부터의항도 부산을 중심으로 百二十마일의 원고안에 둘러싸여 있다 이제야 후퇴의 시기는 지나갔다

국제연합군이 날마다 강화되여가는 한편 너무나 넓이빼처진 적은 마지막 숨길을 마시고 있다고 본관은 믿은바이다 때는왔다!! 각장병은 각기의 현위처를 확보하거나 혹은 닥처오는총반격에 작전상 유리한 지점에 전진하여야만 한다 만약 우리의 현방위선이 돌과되는 경우에는 우리는즉시 반격에 드러가서 적을 처부시고 우리의 방위선을 확보하여야 할깃이다

대한민국 국군장병제군이여! 본관은 제군이 한결같이 이러나서 적의 전진을 막기를 요망한다 적을 처부시자! 그리하여 우리의 승리를 더욱 빠르고 신속하게 가져오자!

一九五○年八月二十七日

유엔 지상군 총사령관
미육군 중장
왈톤 H 워ㅣㅣ커

그림 7

다. 제군들은 야만무도한 적의 우세로 말미아마 실망과 작전상 후퇴를 하지 않으면 안 되게 되였었다. 제군들은 오늘날 국제 연합군을 포함한 많은 전우들과 같이 한국의 옛날부터의 항도 부산을 중심으로 120마일의 원고 안에 둘러싸여 있다. 이제야 후퇴의 시기는 지나갔다.

국제 연합군이 날마다 강화되여 가는 한편 너무나 넓이 빼처진 적은 마지막 숨낄을 마시고 있다고 본관은 믿은 바이다. 때는 왔다!! 각 장병은 각기의 현 위치를 확보하거나 혹은 닥쳐오는 총반격에 작전상 유리한 지점에 전진하여야만 한다. 만약 우리의 현 방위선이 돌파되는 경우에는 우리는 즉시 반격에 드러가서 적을 쳐부수고 우리의 방위선을 확보하여야 할 것이다.

대한민국 국군 장병 제군이여! 본관은 제군이 한결같이 이러나서 적의 전진을 막기를 요망한다. 적을 쳐부수자! 그리하여 우리의 승리를 더욱 미덥고 신속하게 가져오자!

1950년 8월 27일 유엔 지상군 총사령관 미 육군 중장 왈톤 H 워-커 **(그림 7)**

〈그림 7〉의 삐라는 대구를 지키던 군인들에게 뿌려졌어요. 삐라는 국군에게 더 이상 후퇴할 곳이 없다고 알리고 있지요.

낙동강 방어선은 남해안의 마산에서 북으로 낙동강을 따라 상주군 낙동리까지 약 160킬로미터에 이르고, 다시 여기에서부터 동해까지 약 80킬로미터의 산악 지대를 가로지르는 전선입니다. 1950년 8월 초부터 9월 중순까지 이 방어선에서 한국군, 미군과 북한군이 뒤섞여 엄청난 전투를 벌였어요. 북한군은 6월 28일 서울로 들어와 7월 3일 한강을 건너 7월 20일 대전을 점령했지요. 그리고 8월 1일에는 낙동강에 다다랐죠. 이 방어선은 대구와 부산을 지키는 마지막 저지선이었어요. 그러니 유엔군은 사람이든 폭탄이든 모든 걸 쏟아부었답니다. 북한 또한 마찬가지였죠. 널리 알려진 군가 「전우야 잘 자라」에 이런 내용이 있잖아요. "전우의 시체를 넘고 넘어, 앞으로 앞으로, 낙동강아 잘 있거라. 우리는 전진한다." 싸우다 죽은 사람이 얼마나 많으면 시체를 넘고 또 넘어야만 앞으로 갈 수 있다고 했겠습니까?

유엔군은 낙동강 방어선으로 후퇴하면서 마을을 비롯해 눈에 띄는 모든 것을 불태우고 부숴 버리는 청야淸野 작전을 벌였습니다. 청야란 들판을 깨끗이 비운다는 뜻입니다. 인구 5만 명의 김천시는 8월 2일 미 1기병사단 공병대가 불태웠는데, 밤이 되자 그 불길이 몇 킬로미터 떨어진 곳에서도 보일 정도였지요. 낙동강 방어선을 지키려 미 공군은 8월 16일 낙동강 변에 '융단 폭격'을 실시했어요. 융단 폭격은 한정된 지역에 막대한 양의 폭탄을 떨어뜨려 마치 융단(카펫)을 깔듯이 덮어 버리는 폭격 방법입니다. B-29 폭격기 98대가 왜관 북쪽 낙동강 유역에서 26분 동안 960톤의 폭탄을 떨어뜨렸죠.

한국군은 이 작전을 "융단 폭격의 성격은 명백하게 확인되지 않았으나, 북한군 지휘관들에게 대단히 큰 심리적 충격을 주었다"고 평가했답니다. 그런데 폭격을 하면서 그 근처에 피난민이 있는지는 전혀 고려하지 않았어요. 수많은 피난민들이 죽거나 다쳤겠죠. 집은 다 불타 버려 돌아갈 수 없고, 피난을 가려니 여기저기 폭탄은 떨어지고, 다행히 낙동강을 건너도 먹고살 길은 막막하고. 이렇게 전쟁이란 군인뿐만 아니라 민간인까지도 목숨 걸고 살아가게 합니다.

05
인천 상륙 작전은 어떻게 이루어졌나요?

낙동강을 사이에 두고 치열하게 이어지던 전쟁이 어느 날 확 바뀌었어요. 미군을 주축으로 한 유엔군이 1950년 9월 16일 인천에 상륙했기 때문입니다. 이 때문에 낙동강에 이르렀던 북한군의 보급선이 끊겼거든요. 남쪽에 있다가 고립된 북한군은 흩어져 산맥을 따라 후퇴하거나 산으로 들어가 유격전을 벌였습니다.

연합군이 드디어 인천에 상륙했다. _ *앞면 글*

북한군 장병들에게!

강력한 연합군은 인천에 상륙했다. 그들은 급속히 전진하고 있다. 그대들은 이 후면에 그려 있는 지도를 보고 그대들의 정세가 이렇게 절망적이라는 것을 알 수 있을 것이다.

보라! 그대들의 보급선은 절단되었다. 그대들의 후퇴할 길도 막혔다. 그대들의 증원병도 올 수 없이 되었고 동시에 이북으로 후퇴할 수도 없게

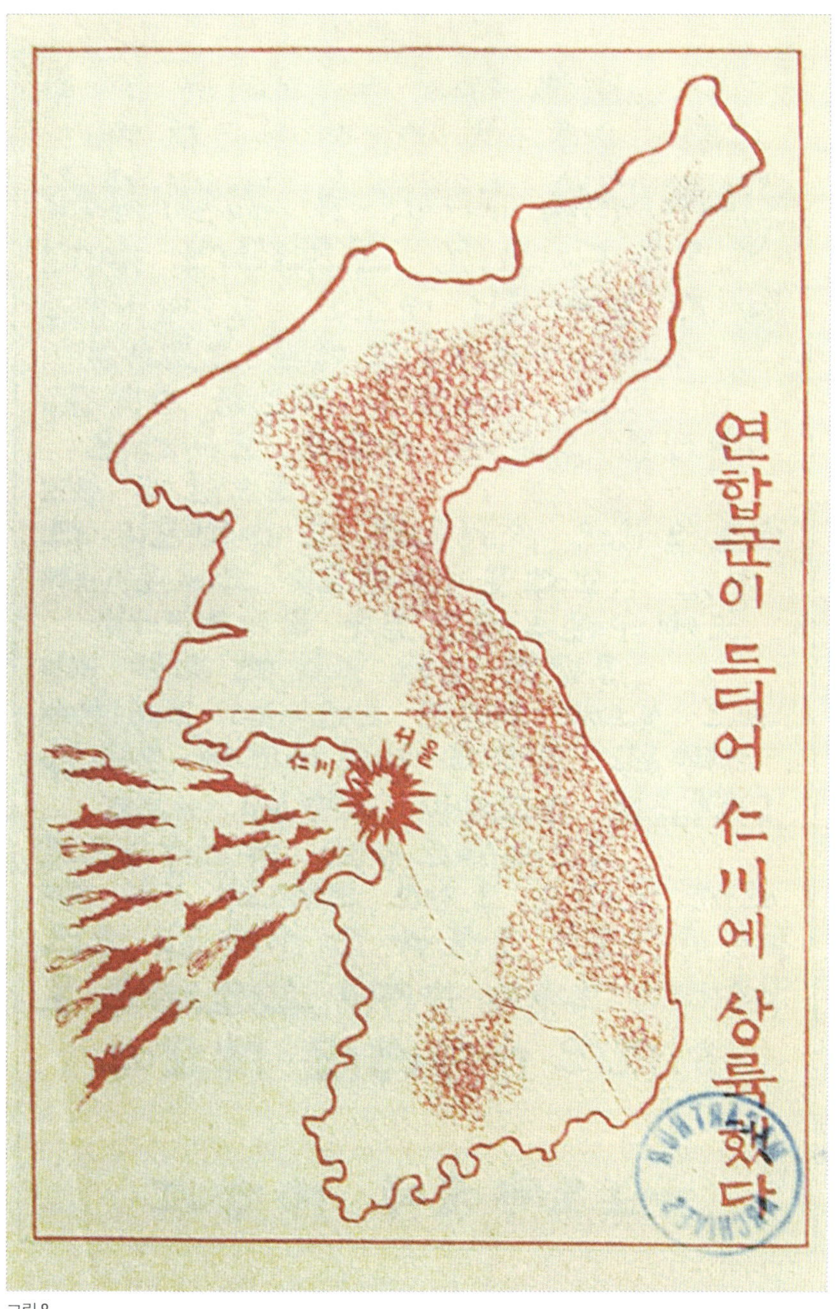

그림 8

그림 9

그림 10

되었다.

59개국의 국제 연합 가맹국 중의 53개국이 그대들을 대항하고 있는 한 그대들은 이 절대적인 압력에 패전하고 말 것이다.

연합군의 장비와 병력과 화력을 그대들은 절대로 당해낼 수 없다.

계속해서 대항한다는 것은 죽엄을 택하는 것이다. 그러면 그대들의 택할 길은 간단하다. 연합군 측에 귀순하는 것과 죽는 길이 있을 뿐이다. _ *뒷면 글*

(그림 8)

〈그림 8〉의 삐라를 보면 인천 상륙 작전의 성공으로 북한군은 군수품도, 탄약도, 증원 부대도, 후퇴할 길도 없으니 죽음 아니면 항복 가운

데 하나를 선택하라고 하죠. 이러한 상황을 그림으로 보여준 삐라가 〈그림 9〉예요. 낙동강 전선에 있는 북한군과 북한에 있는 군수 공장을 잇는 연결선을 유엔군과 한국군이 가위로 끊어 버리는 모습입니다.

유엔군의 인천 상륙은 중국군 참전과 함께 가장 극적인 장면이라 할 수 있습니다. 미군의 공식 한국 전쟁사인『낙동강에서 압록강까지』는 인천 상륙 작전을 이렇게 평가했답니다. "적의 후방에 우회하여 후방 보급 병참선을 공격하는 것은 맥아더 장군의 특수한 전법이었다." 적의 보급선을 끊거나 군수품을 불태우는 일은 예로부터 중요한 전략이었어요. 제2차 세계 대전 때 맥아더가 이끄는 미군이 남태평양의 여러 섬을 점령해 일본군을 상대했던 전략도 보급선 차단이었지요.

제2차 세계 대전 때 남태평양 지역 일본군에게 뿌려진 삐라 〈그림 10〉은 이를 표현하고 있어요. '생명선의 위기'라는 제목 아래 니미츠 해군 대장과 맥아더가 동남아시아와 일본을 잇는 보급선을 자르고 밧줄로 잡아당기는 모습입니다.

인천 상륙 작전은 한국 전쟁 전투사에서 가장 성공적인 작전으로 일컬어져 왔고, 전세를 뒤바꾼 20세기 마지막 상륙 작전으로 평가받고 있어요. 그런데 인천 상륙 작전의 화려한 성공 뒤에는 우리가 잊지 말아야 할 중요한 사실이 있습니다.

상륙에 앞서 미군은 9월 4일부터 9월 15일까지 비행기로 인천 지역을 폭격했답니다. 이 과정에서 수많은 민간인이 희생됐지요. 진실 화해를 위한 과거사 정리 위원회의 조사에 따르면, 1950년 9월 10일 미군이 인천시 월미도 마을을 폭격해 수많은 주민들이 죽었다고 합니다.

미 해병대의 항공기들은 95개의 네이팜탄을 월미도 동쪽 지역에 떨어뜨렸고 사람들에게 총을 쏘았어요. 이 집중 폭격으로 월미도 동쪽 지역 건물, 숲, 민간인 거주지가 고스란히 사라졌지요. 미군 문서에는 '월미도 동쪽 지역 집중 폭격 또는 전소'라고 기록돼 있습니다. 집중 폭격이란 적이 있거나 작전에 필요한 일정 지역에 집중해서 무차별하게 하는 폭격입니다. 미군 자료는 이날 폭격을 이렇게 기록하고 있습니다.

"9월 10일 (…) 작은 섬의 한쪽 끝에서 다른 쪽 끝까지 폭격했다. 거의 6시간 동안 총알과 폭탄과 불의 비가 떨어졌다. 월미도의 대부분이 불에 타오를 때까지 공격은 멈추지 않았다."[6]

왜 그랬을까요? 미군은 상륙 작전에서 북한군의 반격으로 미군이 피해를 입을 수도 있다는 판단 아래 모든 불안 요인을 없애기로 했어요. 작전의 목표는 북한군의 군사 시설을 숨겨 주는 은폐물을 없애는 데 있었죠. 이에 따라 미군은 민간인 거주지를 포함한 월미도 동쪽 전체를 집중 폭격했답니다. 민간인 희생을 줄이려는 어떠한 조치도 없이 월미도 전체를 무차별 폭격하고 눈으로 식별 가능한 높이에서 주민에게 기총 소사가 행해졌죠. 이 일은 국제 인도법의 민간인 면제 규범에 의한 민간인 구별의 원칙, 비례의 원칙에 위반된 작전이라고 진실 화해를 위한 과거사 정리 위원회는 결론 내렸습니다. 민간인 면제 규범이란 민간인은 전쟁 중 군사 공격의 대상이 되어서는 안 된다는 뜻으로, 폭

6 Robert A. Mcmullen, Nicholas A. Canzona, "U.S. Naval Institute Proceeding", March, 1956, P.291(진실 화해를 위한 과거사 정리 위원회,『2008년 상반기 조사 보고서』2권, 41쪽에서 재인용).

격할 때 공격 대상이 민간인이나 민간 시설인지 알 수 없으면 민간 시설로 추정해 공격하지 않도록 하는 것이죠. 또한 적군이나 장비, 시설을 폭격할 때에도 그 폭격으로 민간인이나 민간 시설에 발생하는 피해가 군사적 이익을 넘으리라 예상된다면 공격을 삼가도록 합니다(비례의 원칙). 월미도의 민간인과 민간인 주택을 겨냥한 폭격과 기총 소사는 명백하게 이 같은 국제법의 규범을 어긴 군사 행위입니다. 폭격으로 월미도에서 100여 명의 민간인이 희생됐다 합니다.

06
연합군의 북진 계획은 무엇이었나요?

맥아더는 인천 상륙에 성공한 뒤 북진 계획을 미 합동 참모 본부에 제출했어요. 그리고 9월 29일 트루먼 대통령은 미군에게 38도선을 넘어도 좋다고 허락했지요. 10월 1일 정오, 맥아더는 북한군 총사령관에게 항복을 요구했습니다. 38도선을 넘겠다는 마지막 통첩이라 할 수 있지요. 아래 글은 그 내용입니다.

그림 11

그림 12

그림 13

〈그림 11, 12, 13〉은 미군의 북진 과정을 보기 쉽게 그린 삐라입니다. 〈그림 11〉은 동쪽으로 함흥까지 진출하고 평양으로 향하고 있음을 보여주고 있네요. 〈그림 12〉는 평양을 점령하고 초산에 이르렀음을, 〈그림 13〉은 압록강까지 다다랐음을 보여주고 있습니다.

북한군 총사령관에게 고함!

북한의 군대와 전투 력량은 지금 완전히 파괴되었고 조속한 시일에 완전 전패는 단지 시간적 문제이다. 유엔의 결의를 최소한도의 생명의 희생과 물질의 파괴로써 실행하기 위하여 유엔군 총사령관인 본관은 북한군 총사령관과 휘하 소속 부대에게 고하노니 한국의 어느 지역에 있던지 본관이 지령하는 군사 감시하에 무기를 버리고 이 이상 더 전투 행위를 하지 말 것을 요구하는 바이다.

본관은 다시 한 번 고하노니 북한군 총사령관 지배하에 수용된 모든 유엔군 포로와 시민들을 곧 석방하고 그들을 보호하여 안전을 유지할 것이며 또는 본관이 지적하는 장소로 곧 이동하여 줄 것을 요구한다.

유엔군 수중에 있는 북한군 포로들과 북한군의 잔여 부대는 문명국가의 전시 협약에 따라서 좋은 대우를 받을 것이며 가능한 대로 곧 그들의 집으로 돌려보낼 것이다.

본관은 이 기회에 북한군 총사령관이 이 이상 더 쓸데없는 유혈과 물질의 파괴를 피할 수 있는 조속한 결정을 지을 것을 고대하는 바이다.

다글레쓰 맥아더

10월 2일, 마침내 미군은 38도선을 넘었습니다. 처음 작전 계획에 따르면 미군은 정주–군우리–영원–함흥–흥남으로 이어지는 '맥아더 라인'까지만 나아가고 그 북쪽은 한국군이 맡기로 했지요. 그런데 맥아더는 "전 병력을 투입해 최대한의 속도로 압록강과 두만강 선까지 진격하라"는 새로운 명령을 내렸어요. 이는 처음의 북진 계획이었던 맥아더 라인을 철폐하는 조치입니다. 이 명령이 있은 뒤 국적에 관계없이 모든 부대들은 압록강과 두만강을 향해 앞다투어 나아갔습니다. 북진은 별다른 저항도 받지 않고 손쉽게 이루어졌지요. 미 8군 사령관이 유엔군 총사령관 맥아더에게 더 이상 한국으로 탄약을 보내지 않아도 된다는 말을 할 정도였으니까요. 북진하는 미군 병사들은 전투보다는 추수 감사절을 어떻게 보낼지를 생각하느라 들떠 있었다고 하네요. 『낙동강에서 압록강까지』는 "미 1기갑사단 병사들이 추수 감사절 날 도쿄에서 칠면조 고기를 먹고 기갑병의 상징인 노란 마후라를 두른 채 번화가를 돌아다닐 생각에 설레는 가슴을 억제하지 못했다"고 기록하고 있습니다.

'북진'의 목적은 뚜렷했습니다. 미 8군 사령관의 이름으로 뿌려진 삐라는 이를 잘 설명해 줍니다. 미국은 전쟁을 단순한 방어전이 아니라 무력 통일 전쟁으로 확대하면서 세계 질서에 영향을 미치고 싶었죠.

> (…) 남한에 침입해 온 적군 부대를 고립시키자는 것이 유엔군 인천 상륙의 목적이었읍니다. (…) 인천이나 그 밖에 다른 곳을 점령한다는 것이 승리를 뜻하는 것은 아닙니다. 우리의 목적은 점령지만 빼앗는 것이 아니라 원수를 쳐부시는 데 있읍니다. **(그림 14)**

그러나 거칠 것 없는 북진과 함께 곧 끝날 것 같던 전쟁은 중국군의 참전으로 새로운 상황으로 빠져 버렸습니다.

☆ 대한민국 국군장병 여러분과
대한민국 국민 여러분에게!

여러분은 유엔군이 인천 에 상륙하였다는 소식을 드ㄹ셨을것입니다。 그것은 정말입니다。 아군은 이미 북쪽으로 부터의 통신과 수송로를 끊어버렸읍니다。 남한에 침입해온 적군부대를 고립시키자는것이 유엔군 인천 상륙의 목적이었읍니다。 명심하십시요! 적은 아직드 우리중에 남아있읍니다。 우리의 목표는 무도하게 대한민국 국토를 점령한 공산군을 철저히 치부시는데 있읍니다。

인천 이나 그밖에 다른곳을 점령한다는것이 승리를 뜻하는것은 아닙니다。 우리의 목적은 점령지만 빼앗는것이 아니라 원수를 처부시는데 있읍니다。

싸움은 공산군이 모두 항복하거나 하나도 남김없이 죽여버리기 까지 계속할것입니다。 이 싸움을 끝낼 다른 방법은 없읍니다。 이점에 있어서 우리는 우리의 해야할 책임을 다합시다。

장병 여러분! 일층더 노력합시다。 전진합시다。 적을 만나는대로 공격하여 무찌릅시다。

국민 여러분! 정부에 협력하여 그날의 할일을 잘합시다。 최후승리를 얻을때 알려드리겠읍니다。 그날까지 여러분의 국군과 정부는 지지하여 힘껏일합시다。

미육군제八군단사령관
육군중장 월톤·워커

8004

그림 14

07 중국군의 인해 전술은 어떠했나요?

미국 놈은 왜놈이 조선을 먹고 중국을 침범했던 것처럼 조선을 집어먹고 중국을 침범할려고 우리나라에 기어들어 왔다.

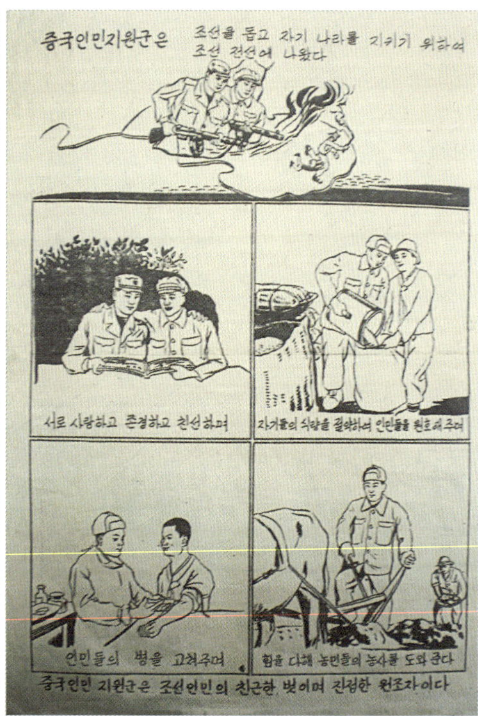

그림 15, 15-1

항시 멸시하고 천대하고 차별 대우하며
남조선의 쌀과 귀중한 자원을 빼앗아 가며
죽엄터에는 앞장세워 몰아넣으며
조선 사람을 함부로 죽이며 집, 공장, 문화 유적을 파괴하고 부녀자를 강간 능욕한다.
미국 놈은 조선 민족의 흉악한 원쑤이다. _ *앞면 글*

중국 인민 지원군은 조선을 돕고 자기 나라를 지키기 위하여 조선 전선에 나왔다.
서로 사랑하고 존경하고 친선하며
자기들의 식량을 절약하여 인민들을 원호해 주며
인민들의 병을 고쳐주며
힘을 다해 농민들의 농사를 도와준다.
중국 인민 지원군은 조선 인민의 친근한 벗이며
진정한 원조자이다. _ *뒷면 글*

(그림 15, 15-1)

위의 삐라는 북한이 만들어 뿌린 것으로 중국군이 북한을 돕고 중국을 지키려 한국 전쟁에 참전했다고 알립니다. 나아가 중국군은 '조선의 진정한 원조자'라며 미군과 대비시키고 있네요.

〈그림 16〉은 중국군이 만든 것으로 중국군이 한국 전쟁에 참가하게 된 과정을 그린 만화 가운데 한 부분입니다. 만화를 보면 마오쩌둥毛澤

그림 16

東은 '항미원조 보가위국抗美援朝 保家衛國(미국에 맞서 조선을 돕고 가정과 국가를 지킨다)'이라는 종이를 들고 중국 국민들에게 연설하고 있죠. 중국이 한국 전쟁에 참가한 까닭을 설명하는 장면이랍니다. 이 말 그대로 중국은 '미국 저항, 북한 원조, 고향 보호'라는 명분으로 한국 전쟁에 뛰어들었어요.

중국군은 1950년 10월 19일 제13병단 소속 6개 군이, 이어 11월 초순에는 제9병단 소속 3개 군이 압록강을 넘어 한반도로 들어왔습니다. 중국군의 참전으로 한국 전쟁은 이제 국제전이라는 새로운 상황을 맞이하게 됐죠.

많은 인원으로 파도처럼, 물밀듯이 공격해 오는 중국군의 '인해 전술人海戰術'은 넘쳐 나는 무기와 군수품을 바탕으로 전투를 하는 미군에게는 낯설었습니다. 그러나 1950년 겨울 장진호 전투로 널리 알려지게 된 '인해 전술'은 중국군이 즐겨 사용하는 전술이 아니었어요. 오랫동안 항일 전쟁을 치른 중국군은 산악 지대에 진지를 만들고(진지전/지역 방어) 적은 인원으로 '치고 빠지는' 게릴라전(기동전)을 뒤섞은 작전을 사용했고 상황에 따라 역습, 기습, 매복으로 상대를 공격했답니다. 또한 산악 지대가 많은 중국 동북부 지역에서 일본군과 맞서 싸운 탓에 중국군은 밤에 산을 타고 움직이는 데 익숙했지요. 이 같은 중국군의 전술은 한국 전쟁에서도 다르지 않았어요. 중국군은 밤에 산을 타고 내려오거나 먼 길을 돌아 유엔군의 후방을 차단했습니다. 이때의 전투 상황을 중국군 부사령관은 이렇게 설명했죠.

"11월 하순 조선 북부에는 엄청난 눈이 내렸다. 게다가 영하 20도는 보통이고 영하 30도를 밑도는 혹한이 계속됐다. 그렇지만 제9병단의 20, 26, 27군은 모두 항일 전쟁 당시 용맹을 떨친 부대였던 만큼 병사들의 사기는 하늘을 찌를 듯이 높았다. (…) 동부 전선은 세찬 추위에다 높은 산으로 이루어져 미군 기계화 부대의 공격은 별 효과가 없었다."[7]

인해 전술은 중국군이 직접 사용한 말이 아닙니다. 한강 남쪽으로 밀려난 유엔군은 죽거나 다친 중국군이 유엔군보다 훨씬 많다는 사실을 강조하려 '인해 전술'이란 표현을 썼어요. 유엔군은 이에 맞서 비행

---

7 홍학지 지음, 홍인표 옮김, 『중국이 본 한국 전쟁』, 고려대학교 중국학 총서 5, 고려원, 1992, 141~143쪽.

하늘에는 벼락! 땅에는 진동!
사람의 몸으로 탱크와 비행기에 대항할수 없다.
UN
유엔군
9012

그림 17

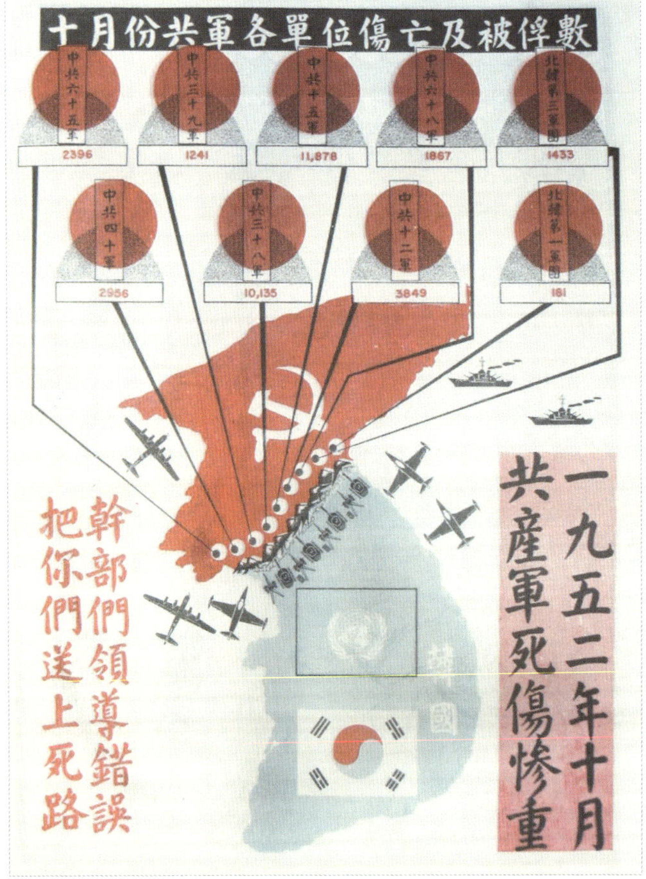
十月份共軍各單位傷亡及被俘數
中共六十五軍
2396
中共三十九軍
1241
中共十五軍
11,878
中共六十八軍
1867
北韓第三軍團
1433
中共四十軍
2956
中共三十八軍
10,135
中共十二軍
3849
北韓第一軍團
181
一九五二年十月
共產軍死傷慘重
幹部們領導錯誤
把你們送上死路
韓國

그림 18

기와 대포, 탱크로 '불바다'를 만들겠다고 했죠. 아래 글은 유엔군의 이런 주장을 담고 있습니다.

> 공산 지도자들은 그대들의 목숨을 개미 목숨만치도 알고 있지 않다. 그들은 인해 전술로서 그대들을 유엔군의 불바다에다 몰아넣었다. 그대들은 왜 이같이 개죽엄을 하려는가!
> 그대들의 지도자들은 이제 다시금 그대들을 무서운 불바다에 다 쳐넣고 있다. "정신 차려라! 그리고 다시금 개죽엄을 되풀이 마라!" 왜 그대들은 무의미하게 죽으려는가?
> 유엔군의 비행기와 야포의 공격은 무자비하다.

〈그림 17〉은 맨몸으로 또는 총 한 자루를 가지고 비행기와 탱크에 맞서는 북한군과 중국군을 묘사하고 있네요. 실제 미군이 가진 무기의 성능은 중국군이나 북한군의 무기보다 월등했어요. 미군은 중국군과 북한군에 엄청난 양의 폭탄을 퍼부었답니다. 이를 잘 표현한 삐라가 〈그림 18〉입니다. 이 삐라는 1952년 10월, 한 달 동안 중국군과 북한군의 사상자 수를 실어 미 공군의 위력을 보여 주고 있어요.

유엔군은 1951년 1월 4일 서울에서 철수해 오산 근처까지 밀렸다가 3월 18일 서울을 되찾았지요. 이때부터 한국 전쟁은 38도선을 사이에 두고 밀고 밀리는 지루한 공방전으로 바뀌었습니다.

08
고지 쟁탈전이 치열했던 까닭은 무엇인가요?

전쟁을 끝내기 위한 협상이 1951년 7월 10일 시작됐어요. 협상은 1953년 7월 27일 휴전 협정이 조인될 때까지 2년 동안 이어졌지요. 그런데 유엔군과 중국군, 북한군은 협상을 하면서도 전투를 멈추지 않았답니다. 유엔군은 협상이 어려움에 부딪히면 이를 벗어나려 공중 폭격을 퍼붓거나 포를 쏘았고, 북한군과 중국군은 자신들이 내건 휴전 조건을 관철시키려 군사 작전을 벌였죠. 2년 넘게 두 개의 전쟁, 즉 협상에서 말로 싸우는 설전舌戰과 유리한 지역을 차지하려는 고지 쟁탈전이라는 혈전血戰이 서해안부터 동해까지에 걸쳐 지루하게 이어졌습니다.

> 친애하는 전우들! (…)
>
> 멸망의 구렁에서 완전히 인간의 리성을 잊어버렸고 피에 주린 미국 야수들은 지금 조선 인민들을 질식시키고 천인공노할 인간 도살의 야수적 만행을 감행하고 있다.
>
> 이 야수적 만행에 보복하며 미국 야수들에 의하여 무참히 희생된 우리의

동포 형제 자매들의 구천에 사무친 원한을 풀기 위하여 '전선에서 찾이한 현계선의 촌토를 위하여 완강하게 투쟁하며 방어전에서 군사적 활동을 더욱 적극화하며 적의 유생 력량과 기술 기재를 더 많이 소멸하라!'라는 우리의 수령 김일성 장군의 명령을 받들어 멸적의 기세 드높이 새 전투 명령을 수령하고 전쟁 싸움터로 가는 당신들은 전투장에서 무비한 용감성과 (…) 한 놈까지 모주리 잡아 죽이자! **(그림 19)**

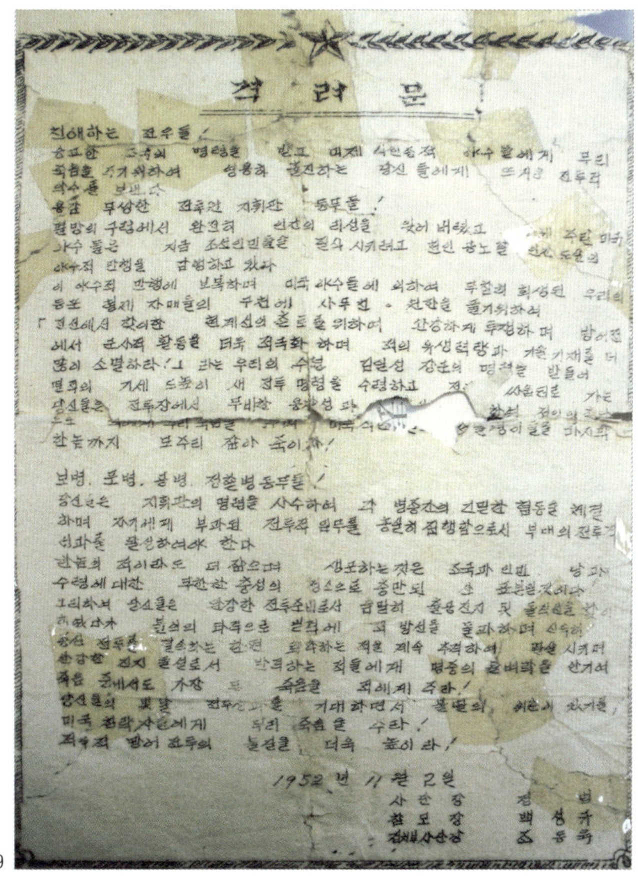

격려문

친애하는 전우들!
숭고한 조국의 명령을 받고 미제 식인종적 야수들에게 무리 죽음을 주기 위하여 용감히 돌진하는 당신들에게! 뜨거운 전투적 악수를 보내오
용감 무쌍한 전투원 지휘관 동무들!
적방의 구렁에서 완전히 인간의 리성을 잃어 버렸고 [illegible] 미국 야수들은 지금 조선인민들을 멸살 시키려고 천인 공노할 [illegible] 야수적 만행을 감행하고 있다
이 야수적 만행에 보복하며 미국 야수들에 의하여 무참히 희생된 우리의 동포 형제 자매들의 구천에 사무친 원한을 풀기위하여
「전선에서 찾이한 현계선의 촌토를 위하여 완강하게 투쟁하며 방어전에서 군사적 활동을 더욱 적극화 하며 적의 유생력량과 기술기재를 더 많이 소멸하라!」라는 우리의 수령 김일성 장군의 명령을 받들어 멸적의 기세 드높이 새 전투 명령을 수령하고 전[illegible] 싸움터로 가는 당신들은 전투장에서 무비한 용감성과 [illegible]
한놈까지 모주리 잡아 죽이자!

보병, 포병, 공병, 전차병 동무들!
당신들은 지휘관의 명령을 사수하며 각 병종간의 긴밀한 협동을 체결하며 자기에게 부과된 전투적 임무를 충실히 집행함으로서 부대의 전투적 성과를 확보하여야 한다
한놈의 적이라도 더 잡으며 생포하는 것은 조국과 인민 당과 수령에 대한 무한한 충성의 [illegible]
[illegible]
적에게 죽음을 주라!
[illegible]
미국 [illegible] 무리 죽음을 주라!
[illegible] 더욱 높이라!

1952년 11월 2일
사단장 [illegible]
참모장 백성[illegible]
[illegible] 조동욱

그림 19

〈그림 19〉는 북한군이 진지전을 벌이는 자기네 병사들을 격려하는 삐라입니다. 삐라는 현 경계선의 작은 땅(촌토, 寸土)이라도 빼앗고 지키기 위해 싸우며 적을 더 많이 없애라고 주문하고 있지요. 이 같은 북한군의 선전에 맞서 미군은 아래 삐라에서 고지전이 결국 사병들의 목숨만 빼앗는 행위라고 지적했습니다.

인민군 45사단 동지들이여!
여러분은 박쥐 같은 생활을 하고 있다.
여러분은 왜 교대되지 않는가? _ *앞면 글*

인민군 45사단 동지들이여!
여러분이 일선에 나온 지도 이미 열여섯 달이나 되었다. 1년 반이 되었어도 여러분은 교대되지 않았다. 소련과 중국 공산당 두목들 때문에 이런 벌을 받고 있는 것이다.
교대될 가망도 없이 열여섯 달 동안이나 암흑과 죽엄의 생활을 했으니 이런 참혹한 노릇이 어디 있는가!
박쥐가 아닌 이상에야 어떻게 캄캄한 곳에서 살 수 있겠는가! 사람이란 햇빛을 보아야 하며 신선한 공기를 마셔야 하며 또 편히 쉬어야 하는 법이다.
여러분보다 나중에 일선에 나왔던 1사단, 8사단, 9사단은 이미 다 교대되었다! 여러분은 왜 이처럼 차별 대우를 받은가? 여러분은 왜 교대되지 않는가? _ *뒷면 글*

(그림 20)

인민군 四十六사단 동지들이여!
여러분은 박쥐같은 생활을 하고있다
여러분은 왜 교대되지 않은가?
B423

그림 20

中共一一五師的戰士們:
你們為什麼還繼續
作無用的攻擊?

그림 21

〈그림 20〉은 참호와 땅굴 속에서 공중 폭격을 피하고 있는 북한군 병사들을 묘사하고 있습니다. 〈그림 21〉은 고지전에 나선 중국군이 유엔군의 무기에 죽어 가는 모습입니다. 이 삐라들은 고지전에 나선 북한군과 중국군이 언제 죽을지 모르는 상황과 유엔군 무기의 우월성을 잘 보여 주고 있죠.

2011년 상영되어 300만 명 넘는 관객을 불러 모은 〈고지전〉이란 영화가 있습니다. 영화의 배경이 되는 지역은 반경 2.5킬로미터의 고지인데요, 전쟁 기간 주인이 수십 번이나 바뀌었습니다. 이 땅을 차지하려는 마지막 전투가 전쟁이 끝나기 수 시간 전에 벌어지죠. 열일곱 살 소년병이 끼어 있는 한국군 병사들이 총에 맞아 죽고, 또 죽고 하면서 고지를 오릅니다. 마침내 고지에 올라서는 북한군 병사들과 뒤엉켜 총으로, 삽으로, 대검으로, 심지어는 철모로 서로 미친 듯이 죽이죠. 그 위에 인정사정없는 공중 폭격. 결국 한국군이든 북한군이든 마지막 전투에서 살아남은 이는 몇 명 안 됩니다.

이렇듯 고지 쟁탈전은 북한군과 중국군의 죽음만을 가져온 것이 아닙니다. 한 치의 땅이라도 더 차지하라는 명령으로 한국군도 고지 쟁탈전에서 셀 수 없이 많이 죽어 갔습니다. 몇 년 전에 만난, 동부 전선과 중부 전선에서 여러 '고지 쟁탈전'을 치른 어느 상이군인은 '고지 뺏기'의 무모함을 이렇게 말했어요.

"지형 능선[8]이 여기 붙었는데 (…) (우리가) 저기에 들어가서는 살 수 없다는 것을 알았어. 우리가 만일 거기 들어간다면은 우리는 전멸된다는 말이야. 아니나 달라 (…) 그리 들어가서 몽창 몽창 그렇게 죽는 거야. (…) 우리 아군들이, 엄청 그대로 죽는 거야, 그냥."[9]

지형 능선 전투의 무모함은 다른 증언에서도 확인할 수 있어요.

"나는 처음엔 지금 우리가 지형 능선을 꼭 확보해야 할 필요성은 없다면서 반대했습니다. (…) 사단장은 '너 자신이 없어 그러는 거야.' 하면서 화를 내더군요. (…) 적의 전초 기지를 새롭게 공격한다면 또다시 수많은 전사상자를 내지 않을 수 없다는 생각 때문에 그런 겁니다."[10]

이처럼 고지 뺏기는 자기의 공적만을 생각한 장군들의 무모한 작전으로, 많은 병사들을 희생시켰답니다. 그런데도 이를 지휘한 장군들은 곧잘 국군의 용감함과 자신의 공적으로 고지 뺏기를 미화하곤 하죠. 1952년 말부터 벌어진 노리고지[11] 전투를 지휘한 1사단장은 "쌍안경을 끼고 나가 능선의 사병들이 적의 수류탄에 팔다리가 날아가는 게 보일 때마다 다른 사병들에겐 전우의 전사를 호소, 적개심을 불러일으켜

---

8 지형指形 능선은 강원도 금성군 원덕면(현재 북한 지역임)에 있는 해발 600~700미터, 길이 1,700미터가량 되는, 손가락 모양으로 돌출되어 있는 지역입니다. 1951년 10월부터 유엔군이 차지하고 있는데 1953년 6월 한국군 8사단과 중국군 사이에 지형 능선을 차지하려는 전투가 벌어졌습니다. 5일 동안의 고지 쟁탈전으로 한국군 7,300여 명, 중국군 1만 3,000여 명이 죽거나 다쳤습니다.

9 이임하, 「상이 군인들의 한국 전쟁 기억」, 『전쟁의 기억 냉전의 구술』, 선인, 2008, 166쪽.

10 중앙일보사 편, 『민족의 증언 6』, 중앙일보사, 1983, 186쪽.

11 노리고지는 경기도 연천군에 있으며 큰 노리고지, 작은 노리고지로 이루어져 있습니다. 노리고지는 한국군 진지에서 임진강의 조그마한 다리를 건너 작은 능선 위에 자리 잡고 있었습니다. 고지 쟁탈전을 벌이는 동안 한국군은 이 고지를 차지하려 끊임없이 작전을 펼쳤으나 작전은 수많은 사상자를 낸 채 실패했고 현재는 군사 분계선 안에 자리 잡고 있습니다.

돌격케 했다"[12]고 자랑스럽게 증언합니다.

전사, 부상, 행방불명과 포로를 포함한 한국군의 인명 피해는 전쟁 동안 62만 1,479명입니다. 그런데 국방부가 발행한『한국 전란 1년지』에 따르면 1951년 3월까지의 인명 피해는 16만 8,852명이었어요. 그러니까 인명 피해의 72.8퍼센트인 45만 명가량이 전선이 고착된 뒤 고지 쟁탈전을 벌이다 전사하거나 부상당했던 겁니다. 그렇다면 한국군, 북한군, 유엔군, 중국군은 왜 2년이 훨씬 넘는 긴 시간 동안 수많은 병사들을 희생시켜 가며 무모하기까지 한 고지 쟁탈전을 벌였을까요? 더구나 휴전 협상까지 하면서 말입니다.

12 중앙일보사 편,『민족의 증언 6』, 중앙일보사, 1983, 188-190쪽.

09
휴전 협상은 어떻게 이루어졌나요?

휴전 협상은 소련의 제의를 미국이 받아들이며 시작됐어요. 소련이나 미국 모두 전쟁으로 더 이상 얻을 게 없다 생각한 거죠. 1951년 7월 10일, 개성에서 미국, 중국, 북한이 참가한 가운데 첫 회담이 열렸어요. 그러나 전쟁 당사자로 엄청난 피해를 입었던 한국은 작전권이 없어 협상장에 나가지도 못했죠. 이에 대해서는 뒤에서 이야기하도록 할게요.

협상이 시작되자 미국과 북한, 중국은 군사 경계선 설정, 휴전 실시를 위한 감시 기관 구성(중립국 감시 기구 구성), 포로 교환 따위의 문제로 맞섰어요. 그러면서 서로 상대를 비난하며 치열한 선전전을 벌였죠. 앞서 소개한 영화 〈고지전〉의 첫 장면이 군사 분계선 설정을 둘러싸고 미군 대표와 북한군 대표가 신경전을 벌이는 모습입니다. 어떤 내용인지 아래 삐라들을 보도록 하죠.

현재 전선-38선보다 북쪽으로 20 내지 35마일 들어갔다.

공산 진영의 한국 분할선-전쟁 계속을 꾀하는 공산 진영이 주장하는 선.

_ 앞면 글

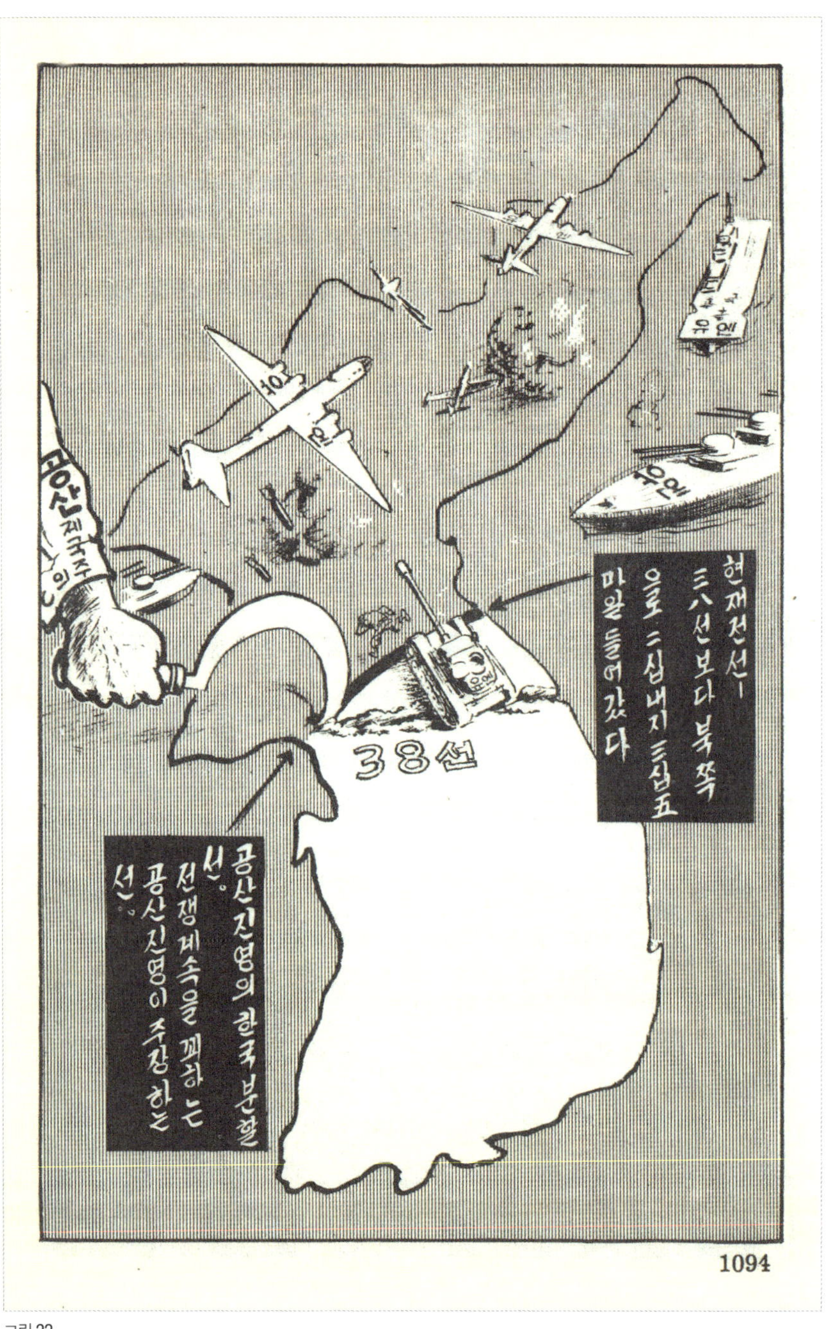
공산제국주의
유엔
유엔
유엔
38선
현재전선ㅡ 三八선보다 북쪽으로 二십내지 三십五마일 들어갔다
공산진영의 한국분할선。 전쟁계속을 꾀하는 공산진영이 주장하는 선。
1094

그림 22

지상 전선은 38선에서 북쪽으로 20 내지 30마일 들어가 있다. 공중과 해상 전선은 압록강까지 가 있다. 유엔군은 전쟁을 끝내기 위해서 지상 전선을 따라 비무장 지대를 설치하려고 한다. 그러나 공산군 지도자들은 과거 5년 동안 한국 분렬의 상징이던 38선까지 전선을 물리려고 한다.

공산주의자들이 몇 마일의 땅을 주장하게 하기 위해서 고통과 유혈을 계속할 것은 무엇인가.

이 쓸데없는 전쟁의 중지를 요구하라. 정치적 조건을 제외하고 현재 전선을 기초로 삼은 휴전을 지지하라. _ *뒷면 글*

(그림 22)

38도선을 계선으로 한 정전 제의

똑똑히 보라! 누가 그대들의 희망을 짓밟으며 그대들의 가족이 갈망하여 마지않는 정전 담판을 파괴하려는 자인가를! **(그림 23)**

그림 23

그림 24

미군이 뿌린 삐라 〈그림 22〉는 '현재의 전선을 군사 분계선으로' 삼자는 유엔군의 주장을 담고 있습니다. 유엔군이 압록강에까지 이르는 한반도 전체의 제공권을 장악하고 있으니 이를 받아들이라고 하죠. 이에 맞서 북한이 뿌린 〈그림 23〉의 삐라는 군사 경계선을 '38도선으로 하자'고 주장하죠.

협상은 결렬과 재개를 반복했어요. 이렇게 휴전 회담이 길어지는 동안 고지 쟁탈전으로 병사들의 죽음만 늘어났죠. 그렇다면 이 죽음들은 누구의 책임일까요? 미군과 북한군은 협상 결렬의 책임을 상대에게 떠넘기는 삐라를 뿌렸답니다. 미군이 뿌린 삐라이든 북한이 뿌린 삐라이든 목적은 같았죠. 협상 결렬의 책임을 상대에게 떠넘기고 어떻게든 전장에서 벗어나고픈 군인들을 자극하려 했던 거지요.

그림 25

제군의 자리만은 쓸쓸히 빈 채로 남아 있을 것이다. _ *앞면 글*

공산당 간부들이 무성의하게도 휴전 회담을 끌고 있는 동안…
설날이 되어 모든 가족들이 모일 때 제군의 자리만은 쓸쓸히 빈 채로 남아 있을 것이다.
공산당 두목들이 제군을 강요하야 싸움을 계속시키는 한…
제군의 가족들의 마음 속에는 늘 빈 자리가
쓸쓸히 남아 있을 것이다. _ *뒷면 글*

(그림 25)

〈그림 24〉는 북한이 뿌린 삐라로 폭탄을 든 유엔군의 손을 북한군이 움켜잡고 '정전 협정서'에 서명하라고 요구하고 있습니다. 유엔군이 싸움을 계속하려 한다는 뜻이죠. 〈그림 25〉는 미군이 뿌린 삐라로 휴전 협정이 늦어져 집으로 돌아가지 못하는 군인들의 심정을 묘사하고 있습니다. 이 삐라가 북한군 병사들에게 얼마만큼 영향을 주었는지 알 수는 없지만 전쟁을 끝내고 가족에게 돌아가고픈 마음은 전쟁터에 있는 모든 병사들이 같겠죠. 이 같은 우여곡절 끝에 1953년 7월 27일, 유엔 대표와 북한 대표, 중국 대표 사이에 휴전 협정이 맺어졌어요. 그런데 전쟁이 끝난 게 아니죠. 휴전休戰의 휴休는 '쉰다'는 뜻이에요. 그러니까 휴전 상태는, 휴식 시간이 끝나면 다시 일하듯이 언제든지 다시 전쟁을 이어갈 수 있는 상황입니다. 지금 우리가 전쟁을 다시 시작하지 않으려면 어떻게든 휴전을 종전終戰으로 바꾸어야 하지 않을까요.

3부

삐라로 보는 한국 전쟁

01

피난민들은 어디로 갔나요?

2013년 3월, 북한이 한국과 미국의 합동 군사 훈련에 맞서 대륙 간 탄도 미사일로 사용할 수 있는 로켓을 시험 발사하고 핵실험에 나설 수 있다고 위협했죠. 그러자 나라 안팎의 언론이 앞다투어 '한반도 전쟁 상황'이라는 보도를 내보냈습니다. 이때 〈뉴욕 타임스〉 기자가 파주시 문산에 사는 한 시민에게 "휴전선 가까운 지역에 사는 게 불안하지 않으냐?"라고 물었습니다. 어떤 답을 했을까요?

"한국은 세계에서 가장 위험한 곳이지만 우리는 그런 느낌이 없다. 만일 무슨 일이 일어난다면 우리 모두 함께 죽는데 그런 걸 고민할 필요가 없다."

지금 남한과 북한은 모두 한반도 어디든지 공격할 수 있는 첨단 무기를 가지고 있습니다. 게다가 남한의 도시는 도시 가스관이 거미줄같이 연결되어 있죠. 이런 상황에서 전방과 후방이 무슨 의미가 있을까요?

사실 한국 전쟁 때도 전방과 후방은 나뉘어 있지 않았습니다. 전투는 한반도 남쪽 낙동강에서부터 북쪽 압록강까지에 걸쳐 벌어졌지요.

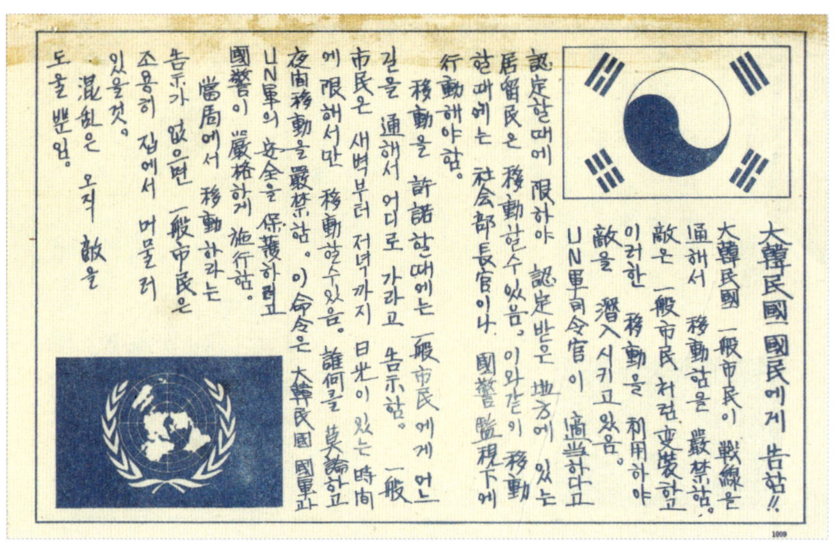
大韓民國 國民에게 告함!!

大韓民國 一般市民이 戰線을 通해서 移動함을 嚴禁함. 敵은 一般市民 처럼 變裝하고 이러한 移動을 利用하야 敵을 潛入시키고 있음. UN軍司令官이 適當하다고 認定할때에 限하야 認定받은 地方에 있는 居留民은 移動할수있음. 이와같이 移動할때에는 社会部長官이나 國警監視下에 行動해야함.

移動을 許諾할때에는 一般市民에게 어느 길을 通해서 어디로 가라고 告示함. 一般市民은 새벽부터 저녁까지 日光이 있는 時間에 限해서만 移動할수있음. 誰何를 莫論하고 夜間移動을 嚴禁함. 이命令은 大韓民國 國軍과 UN軍의 安全을 保護하려고 國警이 嚴格하게 施行함.

當局에서 移動하라는 告示가 없으면 一般市民은 조용히 집에서 머물러 있을것.

混乱은 오직 敵을 도울뿐임.

1009

그림 26

다행스럽게 싸움터를 벗어나 있다 해도 죽음의 위협은 도처에 널려 있었어요. 후방이라고 해서 목숨을 보호할 안전한 곳은 아니었답니다. 그런 상황에서 싸움터는 군인들이 전투를 벌이는 전선뿐이었을까요?

전쟁이 일어나면 사람들은 살기 위해 생활 터전을 버리고 안전한 곳으로 피합니다. 예나 지금이나 마찬가지죠. 한국 전쟁 때도 다르지 않았어요. 낙동강에서 압록강까지 한반도 전체가 싸움터이긴 했지만 사람들은 죽음을 피해 남쪽이나 북쪽, 또는 산속으로 피하거나 친척이 있는 시골을 찾아갔습니다.

대한민국 국민에게 고함

대한민국 일반 시민이 전선을 통해서 이동함을 엄금함. 적은 일반 시민처럼 변장하고 이러한 이동을 이용하야 적을 잠입시키고 있음. 유엔군 사령

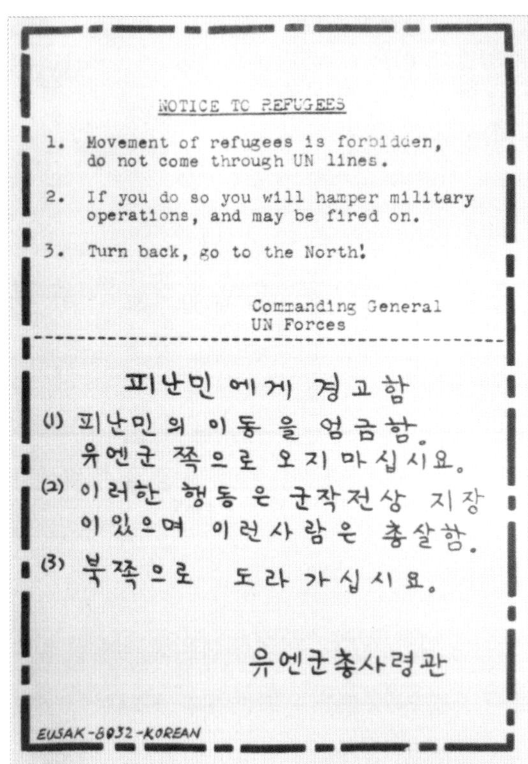

NOTICE TO REFUGEES

1. Movement of refugees is forbidden, do not come through UN lines.

2. If you do so you will hamper military operations, and may be fired on.

3. Turn back, go to the North!

Commanding General
UN Forces

피난민 에게 경고함

(1) 피난민 의 이동 을 엄금함. 유엔군 쪽으로 오지 마십시요.

(2) 이러한 행동 은 군작전상 지장이 있으며 이런사람은 총살함.

(3) 북쪽으로 도라 가십시요.

유엔군총사령관

EUSAK-8032-KOREAN

그림 27

관이 적당하다고 인정할 때에 한하여 인정받은 지방에 있는 거류민은 이동할 수 있음, 이와 같이 이동할 때에는 사회부 장관이나 국경國警 감시하에 이동해야 함.

이동을 허락할 때에는 일반 시민에게 어느 길을 통해서 어디로 가라고 고시함. 일반 시민은 새벽부터 저녁까지 일광이 있는 시간에 한해서만 이동할 수 있음. 누구를 막론하고 야간 이동을 엄금함. 이 명령은 대한민국 국군과 유엔군의 안전을 보호하려고 국경이 엄격하게 시행함. 당국에서 이동하라는 고시가 없으면 일반 시민은 조용히 집에서 머물러 있을 것. **(그림 26)**

그런데 한국 전쟁 때 민간인들은 전장을 떠나고 싶어도 마음대로 떠날 수 없었어요. 위 삐라는 피난 가지 말라고 경고하거나 구체적인 피난길을 알려 줍니다. 어떤 경우이든 군과 경찰, 청년 단체의 명령에 따르라는 경고와 함께.

그러나 피난민을 대하는 군의 속내를 가장 잘 드러낸 삐라는 아래의 것이지요.

피난민에게 경고함

1. 피난민의 이동을 엄금함. 유엔군 쪽으로 오지 마십시오.

2. 이러한 행동은 군 작전상 지장이 있으며 이런 사람은 총살함.

3. 북쪽으로 도라가십시오.

유엔군 총사령관 **(그림 27)**

유엔군 총사령관 이름으로 뿌려진 위 삐라는 "유엔군 쪽으로 오면 (…) 총살"하겠다 말합니다. 이는 피난민 속에 섞여 있을 수도 있는 적을 경계해서이기도 했지만, 더 나아가 통제되지 않은 민간인을 잠재된 적으로 여겼기 때문이에요. 이 같은 경계와 의심은 곧바로 피난민 학살로 이어졌죠.

널리 알려진 피난민 학살은 1999년에서야 그 실체가 밝혀진 충북 영동군 황간읍 노근리에서 벌어졌어요. 1950년 7월 26일 한국군과 미군의 '소개 명령'(작전 지역을 떠나라는 명령)에 따라 피난 가던 500여 명의 피난민들이 미군의 전투기 폭격과 총격에 속절없이 죽어 갔답니다.

이때 미군에게 내려졌던 명령은 "어떤 피난민도 작전 지역을 통과시키지 마라. 그들을 적으로 간주하라"였지요. 미군에게 여자, 어린아이, 노인을 가리지 않고 모든 민간인은 보이지 않는 적이었습니다.

이같이 피난민에게 발포, 사살하라는 지시는 명백한 국제법 위반이에요. 또한 무기를 갖지 않은 민간인을 공격 목표로 삼지 않는 것은 예나 지금이나 상식이고요.

유엔군의 피난민 정책은 '통제된 이동'과 '이동 금지', 그리고 필요에 따른 무력의 사용이 어지럽게 뒤섞여 있었어요. 이러한 피난민 정책은 제2차 세계 대전 때의 경험에 따른 것이었죠. 1943년 가을 이탈리아에서 연합군은 수많은 피난민 때문에 군사 작전에 방해를 받았고 결국 적의 첩자가 피난민 속에 섞여 있을 수 있다는 가능성에 극단으로 대응했습니다. 전선을 거쳐 내려오는 민간인의 이동을 금지하고, 이에 따르지 않으면 사살하라는 명령이 내려졌죠. 연합군은 검문소를 세우고 민간인들을 일일이 검색해 신분증을 발급했어요. 이런 경험이 한국 전쟁에서 그대로 적용돼 피난민 이동 제한과 무력 사용 정책으로 이어졌지요.

피난민을 적으로 여긴 사례는 한국 전쟁 동안 미군이 뿌린 삐라에서 자주 확인됩니다. 그리고 어렵사리 전쟁터를 벗어난 피난민은 한강이나 낙동강에서의 다리 폭파로 물길에 휩쓸려 죽어 갔죠. 이처럼 민간인들은 삶의 터전인 마을에서 쫓겨나 피난길이 아닌 '전쟁터 한복판'으로 내몰렸습니다.

02

시민들은 왜 전쟁 부역자가 되었나요?

국방부 정훈국이 뿌린 아래의 두 삐라는 북한군에게 점령당한 지역에 사는 사람들에게 '죽을 때까지 항쟁'하거나 '학대와 강제 징용을 (…) 회피'하라 합니다. 반면 〈그림 29〉는 북한이 뿌린 삐라로, 일제와 다를 바 없이 미군도 청년들을 징병한다고 하네요. 이들 삐라는 모두 부역을 경고하거나 한탄하고 있죠. 부역附逆이란 국가에 반역이 되는 일에 뜻을 같이하거나 돕는 일을 일컫습니다.

친애하는 동포여!
이제 괴뢰군이 무엇을 할 것인지 아십니까? 놈들은 젊은 여러분들을 동원하여 원치도 않는 병정을 만드러 뻔히 죽을 줄 아는 일선으로 보내고 일하기도 힘든 노소년 심지어는 부녀자까지 끌어내여 탄약을 날르라, 쌀을 날르라는 등의 아모 뜻도 보수도 없는 죽엄의 노동을 강요할 것입니다. (…) 여러분! 따라서 길은 단 하나! 나라와 동포를 위하여 죽을 때까지 항쟁하는 것입니다. 더 용기를 내시고 놈들에게 반항하시고 놈들의 후방

친애하는 동포여!

이제 괴뢰군이 무엇을 할것인지 아십니까? 놈들은 젊은 여러분들을 동원하여 원치도 않는 병정을 만드러 뻔히 죽을줄 아는 일선으로 보내고 일하기힘든 노소년 심지어는 부녀자까지 끌어내여 탄약을 날르라 쌀을 날르라는 등의 아모뜻도 보수도 없는 죽엄의 노동을 강요할것입니다 그뿐이겠읍니까? 도의와 민족을 배반한지 오래인 놈들은 여러분이 힘드려 일해준 다음에는 군사기지의 비밀을 탄로한다하여 여러분을 남몰래 잔인하게도 총살하여 버리는 것입니다 나라를 사랑하는 동포의 피와 정성이 얼마나 전야에서 원한깊은 죽엄을 하였는지 아시오니까? 여러분! 따라서 길은 단 하나! 나라와 동포를위하여 죽을때까지 항쟁하는 것입니다 더 용기를 내시고 놈들에게 반항하시고 놈들의 후방을 교란하십시요 여러분들의 용감한 의거와 못지않게 국군과 연합군의 우수한 대부대는 진격을 거듭하여 여러분과 가까워지고있읍니다

국방부 정훈국

그림 28

을 교란하십시요. (…)

국방부 정훈국 **(그림 28)**

피점령 지구 주민에게 고함

지금 여러분이 받고 있는 노예보다도 못한 학대와 강제 징용을 죽엄으로써 항쟁하시고 회피하십시오. 잔인무도한 공비놈들은 여러분을 총으로 위협하여 무기와 탄약과 식량 등을 수송하기에 우마처럼 부리고 있지 않습니까. (…) 여러분이 강제당한 여러 가지 부역과 징용을 사력을 다하여 회피하십시오. 그래야만 여러분의 귀중한 생명을 보존할 수 있습니다.

국방부 정훈국

그림 29

10년 전 창근 형은 왜놈에게 끌려가 죽고 말더니
오늘은 열일곱 쌀 나는 창근이마저 말 한마디 못 하고 미국 놈에게 끌려가누나! **(그림 29)**

그런데 경고는 경고로 끝나지 않았답니다. 대한민국 정부는 반격을 앞둔 9월 '비상 사태하의 범죄 처벌에 관한 특별 조치령'(특별 조치령)을 만들었어요. 그리고 이를 삐라로 만들어 5만 장 넘게 뿌렸죠.

서울 시민에게 고함
기억도 새로운 적괴 김일성 반도 일당의 독아로 화려한 금수강산이 유린당한 지 2개월여! 그동안 선량한 서울 시민 제위는 자나깨나 안즈나 서나 공포와 불안과 기아에 싸여 전율의 그날그날을 지내 오시었을 줄 압니다. (…) 혹시 잔인무도한 공산 분자의 사주를 바더 병마 소홀의 혼란을 틈타 만일 아군의 군사 행동을 방해하거나 양민 살해, 타인의 재산을 강취, 탈취 또는 절취 혹은 타인의 건조물을 파괴, 훼손 또는 점거하는 등의 반민족적 범죄를 감행한 자에 대하여는 '비상 사태하의 범죄 처벌에 관한 특별 조치령'(이면 참조)에 정하는 바에 의하여 추호의 용서 없이 엄중 처단할 것이니 특별히 계심하기 바라는 바입니다. (…)

단기 4283(1950)년 9월 17일 국방부 장관 신성모

삐라는 군사 행동을 방해하거나 양민 살해, 약탈, 절도, 파괴 따위의 행동을 한 경우 특별 조치령에 따라 처벌한다고 말하고 있습니다. 군사 행동의 방해, 살해, 약탈, 파괴. 이런 말을 들으니 부역자로 손가락질을 받은 사람들이 정말 무시무시한 일을 한 듯하죠. 물론 그렇게 행동한 사람들도 있었죠. 마음으로부터 우러나 북한에 동조한 이도 있었고요. 그런데 북한군에게 고추장이나 된장을 준 할머니나 아주머니도, 집을 물어봐 이를 알려 준 아이도 부역자였어요. 또 도로를 수리한다고 나오라고 해 나가 일한 사람도 부역자였습니다.

그렇다면 이 사람들은 왜 고추장을 퍼주고, 집을 알려 주고, 도로를 수리했을까요? 북한군이 찾아와 "고추장 좀 달라"는데 거절하기 무서웠겠죠. 길을 물어도 마찬가지고요. 여러 까닭이 있을 테지만 무엇보다 먹고살기 위해서였습니다. 서울을 점령한 북한군은 식량을 배급했어요. 그래서 서울 시민들은 가족 가운데 누군가 나가서 일하거나 북한

에 동조하는 집회에 나가지 않으면 식량을 배급받을 수 없었죠. 숨겨 놓은 쌀이나 보리가 있다면 모를까 그렇지 않다면 한국 정부가 말하는 부역자가 될 수밖에 없었답니다.

특별 조치령은 '부역자'를 처벌하는 가장 혹독한 법률이었습니다. 부역자를 가려내는 데 스스로 앞장서 북한군을 도왔는지, 어쩔 수 없이 따라나섰는지 따위는 문제 되지 않았지요. 국방부 장관은 삐라에서 피신한 자와 지하 운동을 한 자를 빼고는 모두 부역자라 말할 정도였습니다. 그러니 거의 모든 사람들이 부역자인 셈이죠.

한강 다리 폭파가 어떻게 진행됐는지 기억나십니까? 전쟁이 일어나 서울이 점령당하기 전 국방부 장관이 뭐라 했습니까? '점심은 평양, 저녁은 신의주에서'라고 장담했잖아요. 이를 믿고 남은 시민들이 피신할 새도 없이 한강 다리를 폭파하지 않았습니까? 그러니까 정부가 서울 시민들을 부역하게 내몬 셈입니다. 그런데도 서울 수복 뒤 이승만 대통령이 가장 먼저 한 일은 혼자 몰래 빠져나간 일을 사과하는 게 아니라 부역자 심사와 처벌이었어요. 부역자 처리는 김창룡을 본부장으로 하는 군검경 합동 수사본부(합동 수사본부)에서 맡았어요. 뒤에 국회의원들은 합동 수사본부가 법률에 따르지 않은 불법 기구니 해체하라고 요구했습니다. 물론 합동 수사본부가 부역자 처리를 모두 마친 뒤였지요.

특별 조치령은 그 처벌이 참으로 가혹했어요. 부역의 기준은 애매했고, 단독 판사 심리제, 단심제로 부역 여부를 판단했습니다. 요즈음 재판은 대개 3명의 판사가 3번에 걸쳐 심리하지요. 그러나 특별 조치령에서는 판사 한 명이 한 번의 심사로 끝낸 거죠. 그 한 번의 심사에서마저 재판을 받는 사람들이 자신의 입장을 말할 기회가 없었어요. 재판은 대개 20~30명씩 한꺼번에 진행됐고 하루에 한 사람이 100명 가까이 심사하니 당연하겠죠. 그래서 가혹한 고문으로 부역 혐의를 덧씌우거나 앙심을 품고 무고하는 경우가 많았고 재산을 빼앗으려 협박하고 거래하는 일이 곳곳에서 벌어졌어요. 또한 부역 혐의로, 부역자의 가족이라고 하여 아무런 법적 절차 없이 학살당하는 일도 많았습니다. 진실화해를 위한 과거사 정리 위원회는 1950년 9월부터 1951년 1월 사이 부역 혐의자와 그 가족이라는 이유로 법적 절차 없이 '즉결 처형'의 형식으로 학살당하는 일이 많았다고 공식 확인했어요.

재판에 넘겨진 많은 사람들이 사형에 처해졌습니다. 주한 미 대사가 1950년 11월 8일 미국에 보고한 자료에 따르면, 부역 혐의자 2,192명 가운데 59.2퍼센트인 1,298명이 사형을, 37.4퍼센트인 820명이 무기 또는 10년 이상 징역형을 언도받았다고 하네요. 단 한 번의 심사로 열 명 가운데 여섯 명이 사형 언도를 받았던 거지요.

이처럼 가혹했던 부역자 처리 과정을, 당시 부역자를 재판했던 한 판사는 이렇게 회고했답니다.

> 피고인은 만 14세를 초과한 지 불과 4개월에 지나지 않는 홍안 소년이며 겨우 국민학교를 졸업한 빈가의 자식이있다. (…) 심리한 결과 소년은 인민군이 입성한 후 어느 날 동네 파출소 앞을 지나갈 때 그 안에서 내무서원이 나와서 "야! 너 똑똑하고나 매일 여게 와서 심부름을 하여라." 하면

서 끌어가기에 그 파출소에서 관계인의 호출 전달, 청소, 기타의 심부름을 하였다. 또 어느 날 동네에서 내무서원이 누구의 집은 어디인가 하고 물어보기에 동네 우리 집 부근에 있는 2, 3인의 집을 가르쳐 주었을 뿐이며 거기에는 그러한 사람을 살해케 하기 위한 어떠한 마음이 있을 리 없다는 것이다.[13]

다행히 소년은 석방됐으나 집을 가르쳐 주었다는 이유만으로도 열네 살 소년을 살인죄로 기소할 만큼 부역자 처리는 가혹했죠. 그 밖에도 시민증이 없다는 구실로 10년 넘게 징역을 산 소년도 있었어요. 소년이 아닌 청년이 된 그이는 재심을 청구했고 무죄 선고를 받았습니다. 그이가 무죄 선고를 받을 수 있었던 것은 어머니가 간직하고 있던 시민증을 재심 재판정에 증거물로 제출할 수 있었기 때문이었죠. 오히려 살아남았기 때문에 죄가 되는 '부역자' 처리로 시민들은 다시 한 번 힘겨운 시간을 보내야 했습니다.

13 유병진,『재판관의 고뇌』, 서울 고시학회, 1957, 121~122쪽.

03
한국군 작전권은 왜 미국에게 넘겨졌나요?

아래의 삐라는 1950년 7월 16일 정부를 대전에서 대구로 옮기면서 뿌려졌어요. 삐라는 대전에서 대구로 정부를 옮기는 까닭을 알리고 있죠. 삐라에 따르면 정부를 대구로 옮기는 까닭은 대통령의 "서명에 의하여 우리 국군은 연합군과 완전한 구성원으로 유엔군 총사령관 지휘 아래 드러가 명실상부한 합동 작전을 전개하게" 됐기 때문입니다. 따라서 정부 이전은 후퇴가 아니라 오히려 한국군이 연합군 사령부 아래로 편제되면서 방어 태세를 강화하려는 목적이라고 강변합니다.

이 구절은 '한국군 통수권 미군 이양에 관한 협정', 이른바 대전 협정에 대한 설명이랍니다.

> 친애하는 애국 동포 여러분!
>
> 본관은 최근 수일 동안의 전국을 말씀드리고 다시 국내외 정세에 대하여 소신의 일단(을) 피력하여 두고자 합니다. 그런데 위선 동포 여러분께 알려 드릴 것은 지난 7월 14일 대통령 각하 서명에 의하여 우리 국군은 연

합군과 완전한 구성원으로 유엔군 총사령관 지휘 아래 드러가 명실상부한 합동 작전을 전개하게 되었다는 것이요. 이 때문에 연합군 총사령부의 지시에 의하여 군의 본부가 대구로 이전하여 연합군 총사령부와 작전 행동을 같이하게 된 것입니다. 이것이 잘못 전파되어 일부에서는 우리 국군과 한국 부대가 후퇴나 한 것처럼 유포되고 있으나 사실은 전연 반대로 연합군 총사령관의 책임 아래 국군과 합동 작전을 추진하여 대전의 수비는 일층 강화된 것이 사실이요, 기타 전선도 이상이 없는 것입니다. (…)

단기 4283(1950)년 7월 16일 국무총리 서리 겸 국방부 장관 신성모

미군의 참전이 본격화되던 1950년 7월 12일 대한민국 외무부와 주한 미국 대사관은 한 통의 각서를 교환했어요. 여기에는 한국에 있는 미군에 대해 미 군법 회의가 배타적인 재판권을 가지며, 미군은 미군에게 해를 끼친 한국인을 구속할 수 있는 권한을 갖는다는 내용이 들어 있었지요. 이때 교환된 각서는 한국과 미국 사이에 맺어진 주둔군 지위 협정(SOFA)의 효시로 주한 미군이 한국인에게 저지른 범죄를 한국 법률로 다루지 못하는 출발점이 됐답니다. 뒤이어 7월 14일 부산에 머물던 대통령 이승만은 유엔군 총사령관 맥아더에게 '한국군의 작전 지휘권을 맡아 달라'는 편지를 보냈습니다.

맥아더 장군 귀하, (…)

본인은 현 작전 상태가 계속되는 동안 일체의 작전 지휘권을 이양하게 된 것을 기쁘게 여기는 바이오며 여사한 작전 지휘권은 귀하 자신 또는 귀하

MEMORANDUM July 14, 1950

To: Chief of Staff, Korean Army. Through: Minister of Defense

Subject: Assignment of Command Authority over all Korean Forces to General of the Army MacArthur.

1. General of the Army Douglas MacArthur has been designated Supreme Commander of all United Nations Forces fighting in or near Korea, on behalf of all United Nations supporting the Republic of Korea against communist aggression. At the present time these Forces include land, sea and air forces from the United States, the United Kingdom, Australia the Netherlands and Canada, and others have been offered. 2. The establishment of the principle of unity of command is essential to the winning of this war against the communists, and hence to the liberation of our country. 3. I have assigned to General MacArthur command authority over all land, sea and air Forces of the Republic of Korea during the period of the continuation of the present hostilities, to exercise this command either personally or through such military commander or commanders in Korea to whom he may delegate the exercise of this authority within or over Korea or in adjacent seas. 4. You are directed to take appropriate action to arrange to receive, transmit and execute such orders as may be received directly from General MacArthur's designated commander or commanders in Korea.

5. The Supreme Commander will maintain the organic and organizational integrity of the units of the Korean military forces, and of the Korean Army itself. 6. As previously directed, the activities of the police, Youth Corps and other semi-military organizations are to be coordinated through you. 7. It is a great privilege for the Republic of Korea and the Korean Army, Navy and Air force to serve alongside all the combat forces of the United Nations under the command of so able and distinguished a soldier who also is such a long time friend of Korea. /s/ SYNGMAN RHEE

그림 30

가 한국 내 또는 한국 근해에서 행사하도록 위임한 기타 사령관이 행사하여야 할 것입니다.[14] **(그림 30)**

14 서울신문사 편, 『주한 미군 30년』, 행림출판사, 1979, 169쪽 ; 〈그림 30〉은 국사편찬위원회 홈페이지 참조.

맥아더는 이를 기꺼이 받아들였어요. 이렇게 한국군의 작전 지휘권은 이승만의 편지와 맥아더의 승인을 거쳐 미군에게 이양됐습니다. 이는 전쟁 상태가 계속되는 상황에서만 효력이 있는 잠정 조치였어요. 그러나 1954년 11월 17일 '한국에 대한 군사 및 경제 원조에 관한 합의 의사록'에 두 나라 대표들이 서명하면서 완전한 국제법으로 효력을 갖게 됐지요. '합의 의사록'은 "유엔군 사령부가 대한민국의 방위를 위한 책임을 부담하는 동안 대한민국 국군을 유엔 사령관의 작전 지휘 아래 둔다"고 규정했습니다. 그 뒤 1994년 12월 평시 작전 통제권은 한국군이 갖게 됐지만 전시 작전 통제권은 아직도 1978년 11월 7일 창설된 한미연합군 사령부가 갖고 있죠. 원래 2012년 4월 17일 전시 작전 통제권도 한국에 이양하기로 했는데 2015년 12월 1일로 연기됐지요. 1953년 7월 27일 휴전 협정을 맺으면서 미군 대표와 중국군 대표, 북한군 대표가 서명했을 때 한국 대표는 참석도 서명도 하지 못했어요. 그게 다 작전권이 없어서 벌어진 일이랍니다. 주권을 가진 독립 국가의 군대로 대우받지 못한 것이죠.

대한민국 정부는 비록 전쟁 상황이었지만 군의 작전권을 다른 나라에게 넘겨주었습니다. 그리고 전쟁이 끝난 뒤에도 넘겨받지 못한 채 지금에 이르고 있어요. 그런데도 삐라는 이를 당연하다고 강변하고 대통령은 '기쁘다'고 말합니다. 전쟁은 그렇게 수십 년의 세월을 건너뛰어 지금도 문제를 남기고 있지요.

04
남북한의 점령 정책은 어땠나요?

북한은 대구와 부산을 뺀 남한 전 지역을 3개월 남짓 점령했습니다. 그리고 남한은 북한의 거의 모든 지역을 1개월 반가량 점령했지요. 비록 짧은 기간이었지만 남한과 북한은 점령을 서로 다른 체제를 실현하는 기회로 삼고자 했습니다. 그래서 점령군이 바뀔 때마다 그 지역 사람들은 전쟁 행위와 관계없이 이런저런 피해를 입었지요. 그럼 남북한이 어떤 점령 정책을 펼쳤는지 알아볼까요?

1) 남반부 동포들이여!

> 친애하는 농민들이여!
>
> 미국 침략자들의 일시적 강점하에서 신음하고 있는 남조선 인민들이여!
>
> 오래지 않아 봄이 도라오게 되었다.
>
> 금년도 농사의 결정적 의의를 가지는 춘생과 파종의 중요한 시기가 닥치온다. (…)
>
> 당신들은 누구나 당신과 당신들의 가족들에게 일 년 동안의 량식을 어떻

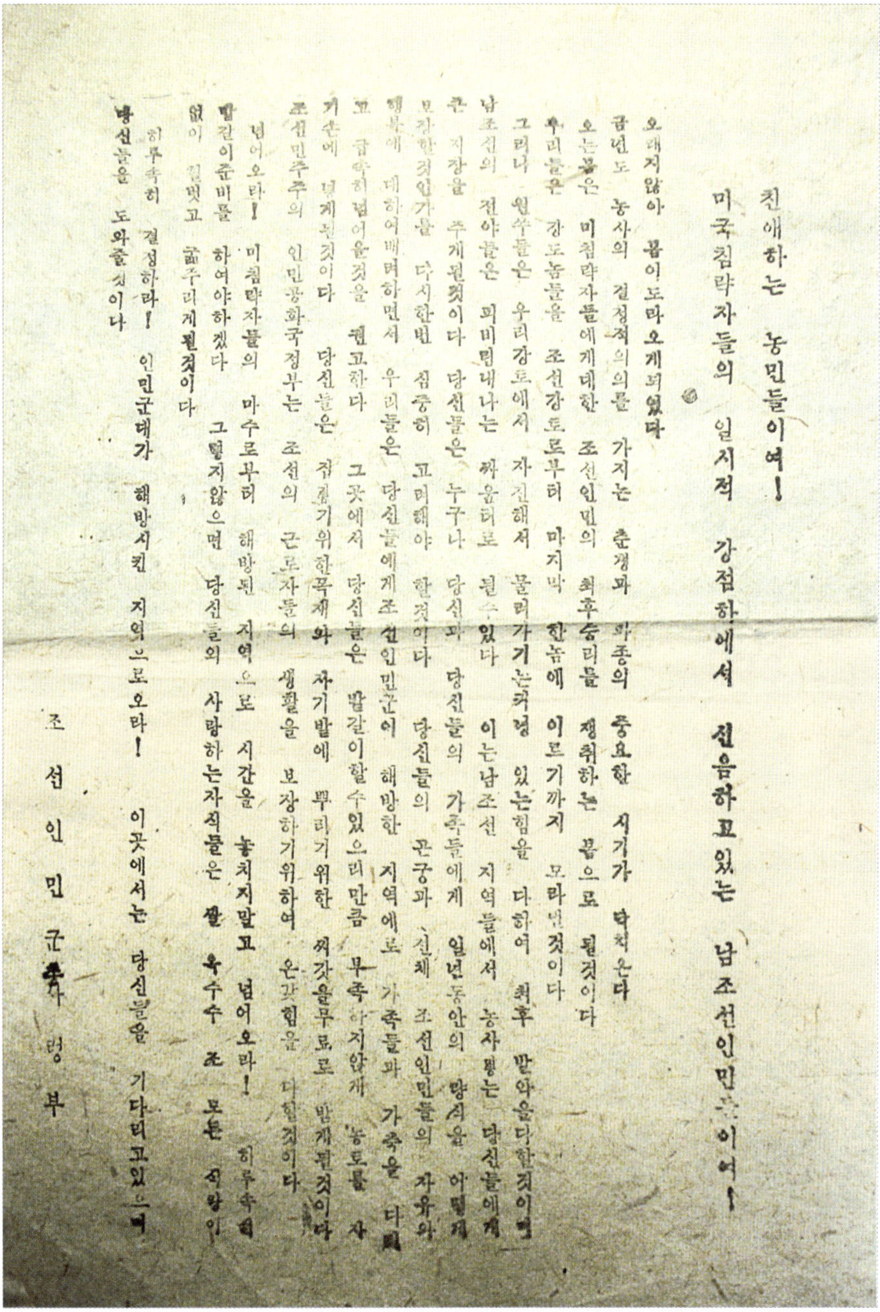

친애하는 농민들이여!

미국침략자들의 일시적 강점하에서 신음하고 있는 남조선인민들이여!

오래지않아 봄이도라오게되였다
금년도 농사의 결정적의의를 가지는 춘경과 파종의 중요한 시기가 닥쳐온다
오는봄은 미침략자들에게대한 조선인민의 최후승리를 쟁취하는 봄으로 될것이다
우리들은 강도놈들을 조선강토로부터 마지막 한놈에 이르기까지 모라낼것이다
그러나 원쑤들은 우리강토에서 자진해서 물러가기는커녕 있는힘을 다하여 최후 발악을다할것이며
남조선의 전야들은 피비린내나는 싸움터로 될수있다 이는남조선 지역들에서 농사짓는 당신들에게
큰 지장을 주게될것이다 당신들은 누구나 당신과 당신들의 가족들에게 일년동안의 량식을 어떻게
보장할것인가를 다시한번 심중히 고려해야 할것이다 당신들의 곤궁과 신체 조선인민들의 자유와
행복에 대하여배려하면서 우리들은 당신들에게조선인민군이 해방한 지역에로 가족들과 가축을 다리
고 급속히넘어올것을 권고한다 그곳에서 당신들은 밥갈이할수있으리만큼 부족하지않게 농토를 자
기손에 넣게될것이다 당신들은 적곡기위한곡재와 자기밭에 뿌리기위한 씨갓을무료로 받게될것이다
조선민주주의 인민공화국정부는 조선의 근로자들의 생활을 보장하기위하여 온갖힘을 다할것이다

넘어오라! 미침략자들의 마수로부터 해방된 지역으로 시간을 놓치지말고 넘어오라! 하루속히
밭갈이준비를 하여야하겠다 그렇지않으면 당신들의 사랑하는자식들은 쌀 옥수수 조 모든 식량이
없이 헐벗고 굶주리게될것이다

하루속히 결정하라! 인민군대가 해방시킨 지역으로오라! 이곳에서는 당신들을 기다리고있으며
당신들을 도와줄것이다

조선인민군총사령부

그림 31

게 보장할 것인가를 다시 한 번 심중히 고려해야 할 것이다. 당신들의 곤궁과 전체 조선 인민들의 자유와 행복에 대하여 배려하면서 우리들은 당신들에게 조선 인민군이 해방한 지역에로 가족들과 가축을 다리고 급속히 넘어올 것을 권고한다. 그곳에서 당신들은 밭갈이할 수 있으리만큼 부족하지 않게 농토를 자기 손에 넣게 될 것이다. 당신들은 집짓기 위한 목재와 자기 밭에 뿌리기 위한 씨앗을 무료로 받게 될 것이다. 조선민주주의인민공화국 정부는 조선의 근로자들의 생활을 보장하기 위하여 온갖 힘을 다할 것이다. (…)

하루속히 결정하라! 인민군대가 해방시킨 지역으로 오라! 이곳에서는 당신들을 기다리고 있으며 당신들을 도와줄 것이다.

조선 인민군 총사령부 **(그림31)**

북한군이 뿌린 위의 삐라는 농민들에게 농토를 주고 집도 지어 주고 씨앗도 줄 테니 북한군이 점령한 지역으로 넘어오라고 말합니다. 삐라는 북한의 점령 지역을 해방 지역이라 불렀고, 이곳에서 농민들은 토지와 씨앗을 대가 없이 제공받아 농사를 지을 수 있다 강조하지요.

북한은 전쟁 뒤 대구와 경상남도 일부 지역을 뺀 남한의 대부분 지역을 3개월 남짓 점령했어요. 이때 가장 먼저 한 일은 정치 조직의 정비였습니다. 북한은 조선 노동당과 인민 위원회를 비롯해 여러 사회단체를 조직했어요. 이를 바탕으로 토지 개혁을 비롯한 여러 정책을 실시했지요. 1950년 7월 4일 북한은 '남반부 지역에 토지 개혁을 실시함에 대하여'라는 정책 발표를 했습니다. 여기에는 지주와 정부가 가진 땅을 공화국 남반부 지역 각 리 면 군 시 도에서 토지개혁을 실시한 결과의 총화를 다음과 같은 보고 양식에 의하여 작성한다

양식No.(一) 토지개혁 실시총화

1. 토지개혁 실시전의 토지소유 정형 및 경작관계자료

ㄱ. 토지소유관계 정형 (단위 정보)

번호	토지소유자구분 및 명칭	총토지소유면적	그 중			
			논	밭	과수원	기타
1	2	3	4	5	6	7
1	미제국주의자					
2	리승만괴뢰정부 및 그의 기관들					
3	회사 상사					
4	향교 교회 사원					
5	지주					
6	자작하는 농민					
7	학교 시험장					
8	기타					
	계					

비고 1.(5) 지주란의 지주라함은. 시행세칙에서 규정한 5정보이상 소작주는 자를 말한다

2.(6) 자작하는 농민란의 자작하는 농민이라함은 5정보이하의 토지를 소작주고 자기도 농사하는 또는 순자작하는농민 자작겸 소작을 하는 농민을 총칭하여 말한다

3.(8) 란 기타라함은 농민이 아닌 토지 소유자를 말한다

그림 32

모두 토지 없는 농민과 소작 농민에게 대가 없이 나누어 준다는 내용이 담겨 있어요. 이에 따라 점령 지역에서 몰수한 토지 가운데 38퍼센트 가량이 국유화됐고, 점령 지역 농가 가운데 66퍼센트가 토지를 분배받았다고 합니다. 〈그림 32〉는 토지 개혁 실시 결과 보고 양식입니다. 보고 양식에 토지 소유자와 논, 밭, 과수원 따위로 토지 면적을 적도록 했네요. 한편 인민 위원회는 농업 용구, 종자, 비료, 가축, 건물 따위의 재산을 관리했어요. 북한은 토지 개혁뿐만 아니라 8시간 노동제 같은 노

그림 33, 33-1

동 법령을 공포했지요. 북한이 실시한 점령 정책은 해방 뒤 북한에서 실시된 정책과 같은 내용을 담고 있어요. 이런 정책들은 전쟁이라는 급박한 상황에서 시민들의 동의를 얻지 못한 채 강제로 실시됐습니다.

이에 맞서 〈그림 33, 33-1〉처럼 유엔군은 북한 점령으로 오히려 시민들은 식량이 부족하고 살기 어려워졌다는 내용의 삐라를 뿌렸지요. 물론 이들 삐라는 북한군 점령 지역의 현실을 반영하고 있었습니다. 북한이 점령하는 동안 서울 시민은 생활필수품의 부족, 의용군 강제 모집, 강제 전출 따위로 살기 힘들었으니까요. 무엇보다 쌀을 비롯한 생활필수품이 부족했지요. 생활필수품의 기준이었던 쌀값은 전쟁 전보다 다섯 배가량 올랐어요. 따라서 점령 지역 사람들은 무엇보다 먹고사는 문제로 힘겨워했습니다.

2) 친애하는 북한 동포 여러분!

친애하는 북한 동포 여러분!
쏘련의 앞재비 김일성의 악독한 쇠사슬 속에서 얼마나 고생들하셧읍니까. 피땀 흘려 손수 지어 놓은 곡식은 낱낱이 그놈들 손에 빼앗기고 먹지 못하여 얼마나 굶주렸읍니까. 할 말도 제대로 하지 못하고 반벙어리가 되어 가슴을 조리던 안타까움은 그 얼마나 컸읍니까. 애비도, 어미도, 자식도 모르는 그놈들의 악독 무도한 행패를 여러분들은 뼛속에 저리도록 느꼈을 것입니다. 그나마 부족하여 침략의 노예 김일성은 여러분들을 모조리 뽑아내어 총성의 앞재비로 내세우지 않았읍니까. 그리하여 여러분들의 따뜻한 가정을 버리게 하고 부모 형제를 이산하게 하였읍니다. 그러나 유엔군은 드디어 여러분들의 쓰라린 고통을 해방시키고자 일어섰던 것입니다.
용감무쌍한 우리 국군과 유엔군이 한번 정의의 총칼을 휘두르자 김일성 도당의 괴뢰군은 산산이 부서지고 말았읍니다. (…)
단기 4283(1950)년 10월 대한민국 국방부

북한 인민에게 고함
국제 연합 총회는 10월 8일 다음과 같은 조처를 요구하는 결의안을 채택

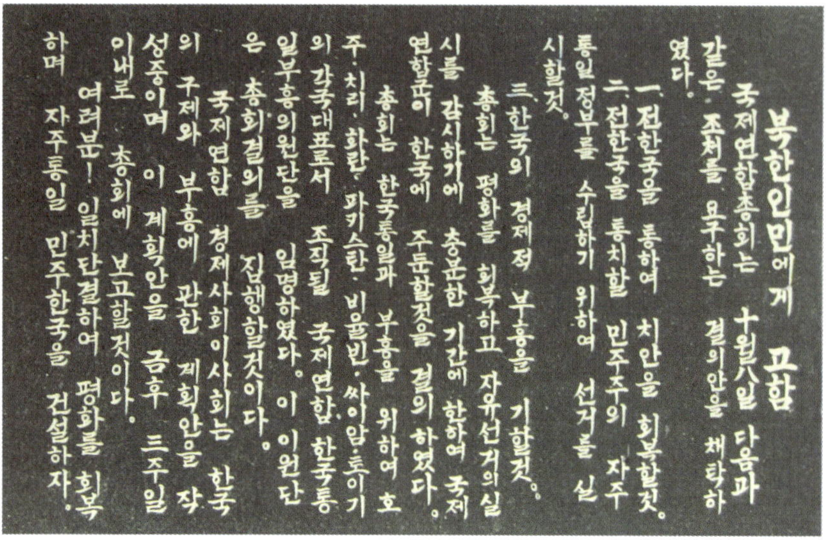

북한인민에게 고함

국제연합총회는 十월八일 다음과 같은 조처를 요구하는 결의안을 채탁하였다.

一. 전한국을 통하여 치안을 회복할것.

二. 전한국을 통치할 민주주의 자주통일정부를 수립하기 위하여 선거를 실시할것.

三. 한국의 경제적 부흥을 기할것.

총회는 평화를 회복하고 자유선거의실시를 감시하기에 충분한 기간에 한하여 국제연합군이 한국에 주둔할것을 결의하였다.

총회는 한국통일과 부흥을 위하여 호주·치리·화란·파키스탄·비율빈·싸이람·토이기의 각국대표로서 조직될 국제연합 한국통일부흥의원단을 임명하였다. 이 이원단은 총회결의를 집행할것이다.

국제연합 경제사회이사회는 한국의 주제와 부흥에 관한 계획안을 작성중이며 이 계획안을 금후 三주일이내로 총회에 보고할것이다.

여러분! 일치단결하여 평화를 회복하며 자주통일 민주한국을 건설하자.

그림 34

하였다.

1. 전 한국을 통하여 치안을 회복할 것.

2. 전 한국을 통치할 민주주의 자주 통일 정부를 수립하기 위하여 선거를 실시할 것.

3. 한국의 경제적 부흥을 기할 것.

총회는 평화를 회복하고 자유선거의 실시를 감시하기에 충분한 기간에 한하여 국제 연합군이 한국에 주둔할 것을 결의하였다. **(그림 34)**

위 두 삐라는 유엔군과 한국군이 북한 지역을 점령한 뒤인 1950년 10월, 북한 주민에게 뿌린 것들이랍니다. 앞의 삐라는 국방부 정훈국이, 뒤의 삐라는 미군이 만들었지요. 앞의 삐라가 그동안 고생했다고 북한 주민을 달래면서 감격하는 모습을 담았다면, 뒤의 삐라는 유엔 결의안을 소개하고 있네요. 유엔 결의안으로 민주주의 자주 통일 정부를 수립하려 남북한에서 선거를 실시하고, 부흥과 치안을 회복할 정책이 실시하게 되었다고 알려 주는군요. 이는 다른 삐라에서도 되풀이해 강조됐습니다.

"북한은 거진 다 해방되었으며 유엔은 자주 민주 한국의 통일 정부를 수립하기 위하여 속히 선거를 실시할 계획을 바뿌게 하고 있다. 또한 이 계획은 전화를 입은 한국을 구제하는 동시에 공산 괴뢰군이 파괴한 한국의 경제를 부흥하기 위하여 국제적 원조를 제공하려는 것이다."

그렇다면 〈그림 34〉가 말하는 남북한에서 선거를 실시하고 통일 정부를 세운다는 말은 무슨 뜻일까요? 북한을 점령한 유엔군과 한국 정부는 점령지에 새로운 행정 기관을 설치했어요. 유엔군은 38도선 북쪽 각 도에 도지사를 임명했지요. 그런데 이승만 대통령도 38도선 북쪽에 도지사를 임명했어요. 한 도에 유엔군이 보낸 도지사와 한국이 보낸 도지사, 이렇게 2명이 있었던 거지요. 결국 이승만 대통령이 임명한 도지사들은 유엔군 손에 쫓겨났답니다.

미국은 맥아더에게 "38선 이북 지역에 대한 군사 작전과 점령에서 한국 정부와 한국군의 협조를 받을 수 있으나 북한 지역에 대한 한국 정부의 주권은 공인되어 있지 않으므로 통일을 위한 유엔의 또 다른 조치가 있을 때까지 주권의 확대를 인정해서는 안 된다"고 지시했습니다. 그리고 유엔 한국 임시 위원회는 북한 지역의 점령 통치를 유엔군 총사령관이 임시로 맡도록 결정했지요.

대한민국 헌법은 '대한민국의 영토는 한반도와 그 부속 도서로 한다'고 규정하고 있습니다. 그러나 1948년 12월 12일 유엔 총회에서 결정된 대한민국 정부 승인에 따른 대한민국 영토는 이와 다릅니다. 유엔의 결정에 따른 대한민국 정부가 관할할 수 있는 영토는 선거가 가능했던 38도선 이남 지역뿐이었어요. 그렇기 때문에 미국은 맥아더에게 대한민국의 38도선 북쪽에서의 주권을 인정해서는 안 된다고 했던 것입니다. 유엔은 여기에서 한 걸음 더 나아가 〈그림 34〉의 삐라와 같이 38도선 북쪽을 완전히 점령해 질서를 회복한 뒤 남북한 총선거를 다시 실시하고 새로운 통일 정부를 세운다는 구상을 내놓은 것이지요.

한편 미군이 함흥과 흥남 지역에 공포한 포고를 읽으면 일상생활과 관련된 미군의 북한 점령 정책을 조금은 이해할 수 있어요. 이에 따르면 지역의 모든 일반 주민은 군의 감독이 없이는 집단적으로 모여 있을 수도 없었고, 주요 도로에 접근할 수도 없었지요. 그리고 유엔군을 적대한 혐의가 있는 사람은 곧바로 가까운 군 기관에 신고해야 했어요. 또한 모든 정치 단체와 정치 활동은 반드시 미군에 등록해야 했습니다.

짧은 기간이었지만 미군의 북한 점령 정책은 이처럼 군사 작전 위주로 되어 있었어요. 또한 이승만 대통령이 보낸 관리들이 쫓겨난 것처럼 한국 정부와의 갈등도 자주 발생했습니다. 이에 따른 혼란은 고스란히 북한 민간인들이 짊어져야 했고요.

05
공중 폭격의 목적은 무엇이었나요?

〈그림 35〉는 제2차 세계 대전 때 미군이 도쿄 폭격에 앞서 뿌린 삐라입니다. 그림에는 도시를 떠나는 노인과 아이를 안은 여성이 보이고, 지구 종말이라도 온 듯한 암울함이 가득하지요. 이 삐라 한 장으로도 미

그림 35

공군의 폭격이 어느 정도 무시무시했는지 짐작이 갑니다.

> 지진과 해일은 멈출 수 없다. 사람들은 자연의 힘에 압도당해 무능력함을, 지진과 해일이 지나간 자리에 폐허만 남는다는 사실을 알았다.
> 미 공군의 분노는 해일처럼 일본을 쓸어버리고, 지진처럼 땅을 뒤흔들리라. 지진과 해일보다 더 강한, 믿을 수 없을 정도로 엄청난 파괴가 뒤따르리라. (…) 군국주의자에 대한 (지지를) 철회하고 평화를 추구하지 않은 채 파멸을 피할 수는 없다. _ *뒷면 글* **(그림 35)**

1945년 3월 10일 도쿄 폭격 때는 B-29 300대가 소이탄을[15] 쏟아 부어 도시를 불바다로 만들었어요. 이날 100만 명가량의 사람이 집을 잃었고 10만 명가량이 죽었지요. 폭격에 참가한 조종사들은 150마일 떨어진 상공에서도 그 불길을 볼 수 있었다고 합니다.[16] 대구 상공에서 서울의 불길을 볼 수 있었던 셈이죠.

현대전에서 대규모 도시 폭격은 적을 무력화하고 공포로 빠뜨리는 수단입니다. 그렇지만 도시는 여전히 많은 사람들이 생활하며 살아가는 공간이지요. 따라서 군대가 아닌 도시에 사는 민간인을 향한 폭격을 정당하다고 할 수 있을까요? 당연히 아닙니다. 경고 삐라는 이 같은 비인도적인 폭격에 정당성을 주는 수단이었죠. '우리는 민간인에게 폭격

15 소이탄은 화염이나 고열로 불살라 사람을 죽이거나 건축물을 파괴하는 폭탄입니다.
16 하워드 진 지음, 이아정 옮김, 『오만한 제국』, 당대, 2001, 169쪽.

을 경고했다. 그들은 폭격을 피하기에 충분한 시간이 있었다. 그런데도 그들이 그곳에 있었다면 이는 그들의 책임이며, 그곳을 떠날 수 없도록 한 적군의 책임이다.' 경고 삐라는 이런 뜻을 담고 있었습니다.

> 군사 시설에서 한시바삐 몸을 피하십시오.
>
> UN군은 군사 시설이 있는 도시에 사시는 일반 시민에게 한 분도 빠지시지 마시고 떠나가시라고 권고하는 바입니다. 여러분께서 살고 계신 도시에다가 공산도배들은 병기와 탄약과 군수품을 제조하는 공장을 세웠고 군수품을 몰아 쌓았읍니다. 이 물건은 전부 내다가 여러분의 동포를 살상

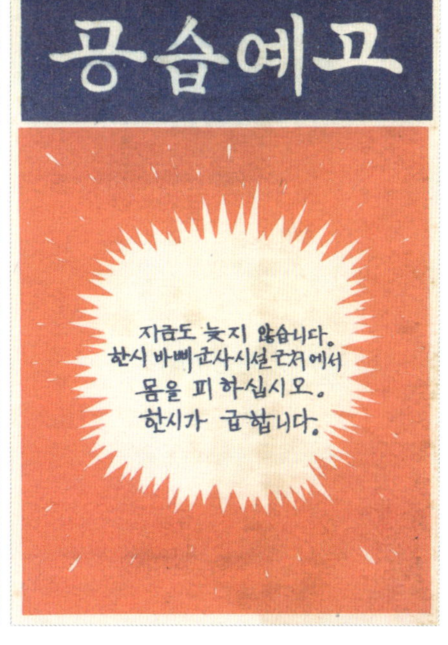

그림 36, 36-1

하는 데 쓸 병기요 탄약이오 군수품입니다. 이런 공장과 전쟁에 소용되는 물건을 쌓아 놓은 곳을 통틀어 군사 시설이라 하는데 군사 시설은 하나씩 UN 공군의 비행기가 던지는 폭탄에 가루가 돼 버리고 마는 것입니다. UN 공군은 공산주의 반역 도배들이 이르킨 전쟁에 일반 시민들이 상하지 않도록 최선을 다하고 있읍니다. 그러나 한편 여러분께서도 한시바삐 몸을 피하셔야 됩니다. 군사 시설에 절대로 가까이 가지 마시고 한적한 시골로 피난하십시오. 앞을 내다보시는 분들은 벌써 군사 시설이 있는 도시를 떠나서 안전한 곳으로 가셨으니 여러분께서도 지체 마시고 곧 떠나십시오. (…) 유엔군은 될 수 있는 대로 일반 시민을 다치지 않으려고 하는 방침입니다. _ *뒷면 글* **(그림 36-1)**

한국 전쟁 또한 다르지 않았어요. 공중 폭격에 앞서 경고 삐라를 뿌리는 일은 제2차 세계 대전 때와 마찬가지였지요. 〈그림 36〉과 〈그림 36-1〉은 '공습 경고'라는 언어만 다를 뿐 디자인과 색깔까지도 똑같습니다. 도시를 곧 폭격하니 떠나라는 경고지요.

전쟁 초기 폭격 대상은 대부분 적 부대, 군사 시설, 군과 보급품의 이동로였어요. 그러나 중국이 개입하고 유엔군이 철수하기 시작한 1950년 11월부터 공중 폭격의 양상이 바뀌었죠. 11월부터 수십 대씩 편대를 이룬 B-29 폭격기들이 도시와 농촌 지역에 소이탄을 떨어뜨려 민간인들의 삶의 터전을 파괴했습니다. 11월 8일에는 B-29기 78대가 신의주에 640톤의 폭탄을 떨어뜨려 도시를 불태웠죠. 이날 미 공군은 신의주의 90퍼센트가 파괴되었다고 발표했답니다.

마즈막 남은 집한간을 그냥 지니려거든
군대를 넣지 미시오!
그들에게
밥끄릴 나무도 없고
집안에 중병자가 왔으며
방도 좁다고 말하시오
1268

공산당은 당신의집을 폭격목표로 만들고 있다!
유엔비행기는 일반시민의집
을 폭격할 의시가 조곰도없다
그러나 이집에 공산당의협박으로 군대
가들면 이집은 몇일더 못갈것이다
마즈막 남은 집한간을 폭격목표로
만들어 분쇄시키자는 공산당이다
집을 안전하게하라!
군대를 넣지 말라!
1268

그림 37, 37-1

폭격은 도시와 농촌을 가리지 않았어요. 별다른 군사 시설도 없는 시골 마을이지만 그 마을에 군인이 머물거나 머물 수도 있다는 이유만으로 폭격 대상이 됐지요.

> 공산당은 당신의 집을 폭격 목표로 만들고 있다. 유엔 비행기는 일반 시민의 집을 폭격할 의사가 조금도 없다. 그러나 이 집에 공산당의 협박으로 군대가 들면 이 집은 몇 일 더 못 갈 것이다. 마즈막 남은 집 한 간을 폭격 목표로 만들어 분쇄시킨 자는 공산당이다. 집을 안전하게 하라! 군대를 넣지 말라! **(그림 37-1)**

1951년 1월 평양은 폭격으로 이미 도시 중앙부의 35퍼센트가 잿더미로 변해 있었어요. 1952년 7월 평양 라디오 방송은 시내에 이틀 동안 불길이 번졌다고 보도했습니다. 미군의 폭격 때문이었죠. 잦은 폭격으로 평양에는 더 이상 중요한 군사 시설이 남아 있지 않았음에도 왜 미군은 1952년 7월에 엄청난 폭탄을 퍼부었을까요? 목적은 미국의 막강한 힘을 보여 주어 공포감을 높이고 북한 지도부와 주민 사이의 갈등을 깊게 하려는 데 있었죠. 곧 전통적인 생활공간이었던 도시와 시골 마을에 가해진 폭격은 다시 말해 전장의 전투 행위가 아니라 심리전이자 민간인을 겨냥한 폭력이었습니다.

06
삐라는 전염병 예방을 어떻게 선전했나요?

전쟁이 길어지면서 북한에는 페스트, 탄저병, 콜레라 따위의 전염병이 사람들을 괴롭혔어요. 아래 삐라 〈그림 38〉은 북한에 퍼진 전염병이 중국군에서 유래됐다고 선전하고 있네요. 한국 또한 두창, 장티푸스, 발진티푸스 같은 질병이 퍼졌습니다. 그러면서 전염병의 원인을 둘러싸고 미군의 세균전이 세계의 관심사가 됐지요.

> 중공군의 또 하나의 원조.
> 내몽고에서는 한국 전선으로 보내기 위하여 강제 모병을 하고 있다. 각 부락에 50명, 70명씩 인원을 배정하니 각 반장은 병신, 염병, 발진 지부스, 국제 매독, 임질 따위 병자들을 강제로 끌어내어 한국 전선으로 보낸다. 이리하여 중공군은 전염병을 묻혀 들이고 있는데 이것이야말로 중공군의 또 하나의 원조인 것이다. _ *뒷면 글* **(그림 38)**

1952년 2월, 북한 외무성은 성명을 발표해 미군이 세균전을 벌인다고 전 세계에 호소했습니다. 이어 미군의 세균전을 비난하는 선전전을

그림 38

벌이기 시작했어요. 북한과 중국은 세균에 감염된 이虱나 벼룩, 페스트균을 옮기는 쥐, 탄저균에 오염된 풍뎅이 따위의 사진을 근거로 내밀었죠. 〈그림 39〉는 북한의 주장을 담은 〈민주 청년〉에 실린 삽화입니다.

이에 미국은 예방 능력을 갖추지 못한 자신들의 잘못을 미군에 떠넘긴다고 북한과 중국을 비난했습니다. 세균전 논쟁이 그치지 않자 미국은 국제 적십자사나 유엔, 세계 보건 기구 조사단에 맡겨 세균전 여부를 조사하자고 제안했죠. 북한은 이들 기구가 미국의 영향 아래 있다며 거절했답니다. 대신 국제 민주 법률가 협회 조사단이 북한 지역을 살펴보고 보고서를 발표했습니다. 미국은 이 조사를 믿을 수 없다며 인정하지 않았고, 북한과 미군은 세균전을 둘러싸고 치열한 선전전을 벌였어요. 미군이 뿌린 삐라 〈그림 40〉에는 '전염병은 북한의 불결한 위생 상태와 의료 시설의 부족' 때문에 퍼졌다고 쓰여 있네요.

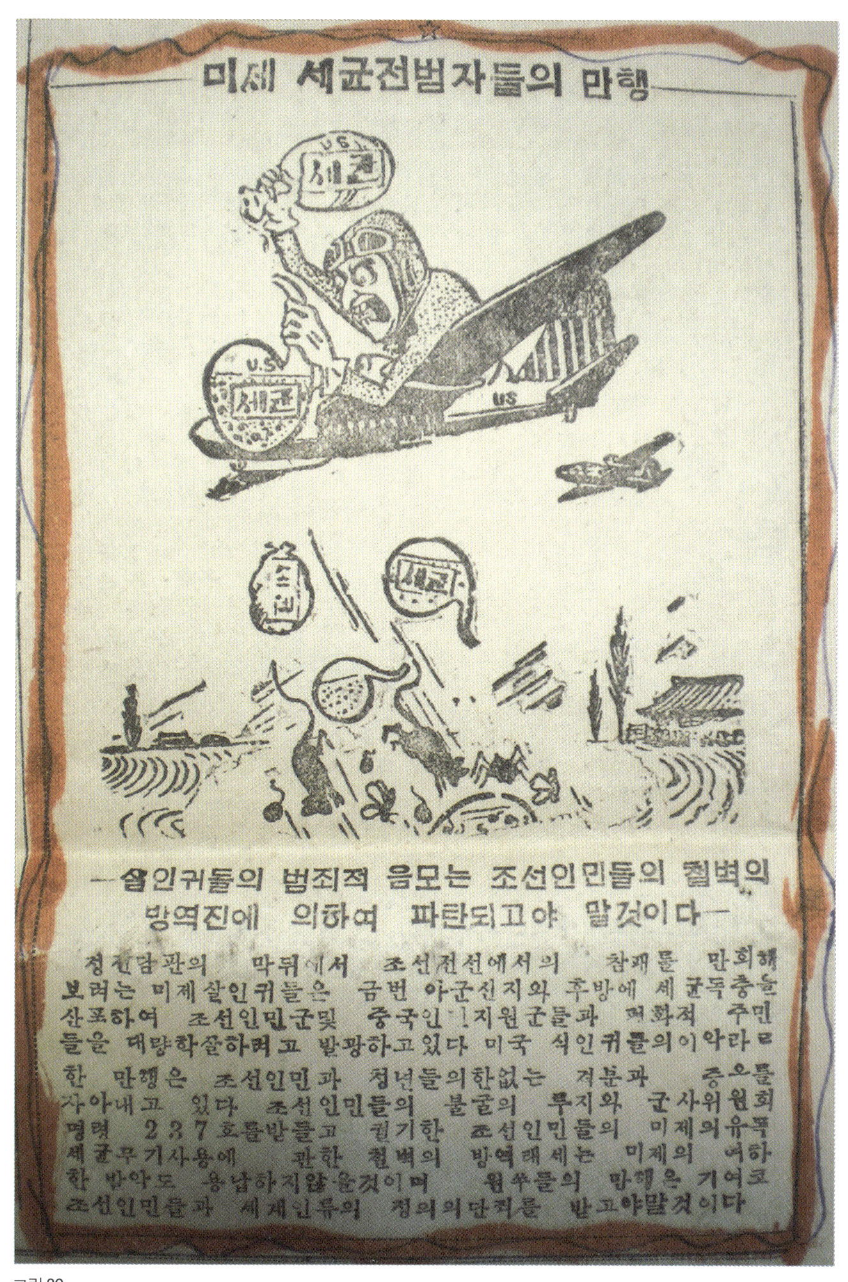

미제 세균전범자들의 만행

—살인귀들의 범죄적 음모는 조선인민들의 철벽의 방역진에 의하여 파탄되고야 말것이다—

정전담판의 막뒤에서 조선전선에서의 참패를 만회해 보려는 미제살인귀들은 금번 아군진지와 후방에 세균독충을 산포하여 조선인민군및 중국인민지원군들과 평화적 주민들을 대량학살하려고 발광하고있다 미국 식인귀들의이악랄한 만행은 조선인민과 청년들의한없는 격분과 증오를 자아내고 있다 조선인민들의 불굴의 투지와 군사위원회 명령 237호를받들고 궐기한 조선인민들의 미제의유독 세균무기사용에 관한 철벽의 방역태세는 미제의 여하한 발악도 용납하지않을것이며 원쑤들의 만행은 기어코 조선인민들과 세계인류의 정의의단죄를 받고야말것이다

그림 39

그림 40

오늘날 북한에는 공산당들의 무능과 무책임함과 무성의로 말미아마 전염병이 점점 만연되고 있다. (…) 북한에 퍼진 전염병을 박멸시키기 위하야 권위 있는 의사는 여러분에게 다음과 같이 경고하는 바이다.

1. 예방 주사를 놓도록 요구하라. 이것은 전염병을 막는 제일 좋은 방법이다. 공산당 선전만으로는 전염병이 낳지 않는다.

2. 병을 전염시키는 쥐와 기타 벌레를 전부 없애도록 요구하라.

3. 환자를 격리시키도록 요구하라.

4. 한국에 전염병을 가져온 전염병 환자가 있는 중공군 부대를 중국에 돌려보내도록 요구하라.

5. 지금 당장 여러분과 여러분의 가족들에게 효과적인 예방약을 달라고 요구하라.

이 요구를 할 때는 지금뿐이다! 벌써 여러분의 생명은 위태하다! _ *앞면 글*

(…) 자유세계는 여러분을 구하겠다.

유엔은 곧 중립 기관이며 인도주의적 단체로 하여금 이를 조사케 하고 만일 전염병이 심하면 의약품을 보낼 것을 제안하였다. 만국 적십자사와 세계 보건 협회에서는 곧 이 유엔 제안을 수락하였다. 그러나 중공과 로서아는 이 긴급 필요한 구호의 길을 무자비하게도 거절한 것이다. _ *뒷면 글*

(그림 40)

위 삐라는 북한과 중국의 세균전 선전에 맞선 미국의 대응을 잘 보여 줍니다. '전염병은 중국으로부터 왔고, 전염병을 막으려면 예방 주사를 맞고 병을 옮기는 쥐와 곤충을 박멸해야 한다. 또한 전염병에 걸리면 빨리 치료해야 한다. 그런데 북한과 중국에는 의료 시설과 의약품이 부족하며 유엔이 도와주려 해도 거부하고 있다.' 이것이 세균전 공세에 맞선 미국의 심리전이었죠.

나아가 전염병을 막아내지 못한 공산군과 다르게 유엔군은 미리 예방 주사로 전염병을 막고 있다고 알렸어요. 아래 삐라는 의사와 간호원이 예방 주사를 놓는 모습을 담고 있습니다.

유엔군은 누구보다도 조선 인민의 행복을 생각하고 있읍니다. 남조선에서는 유엔 당국과 한국 정부가 모든 힘을 다하여 여러 가지 질병을 예방하고 있읍니다. 이와는 반대로 공산당은 북조선을 쏘련과 중공의 식민지

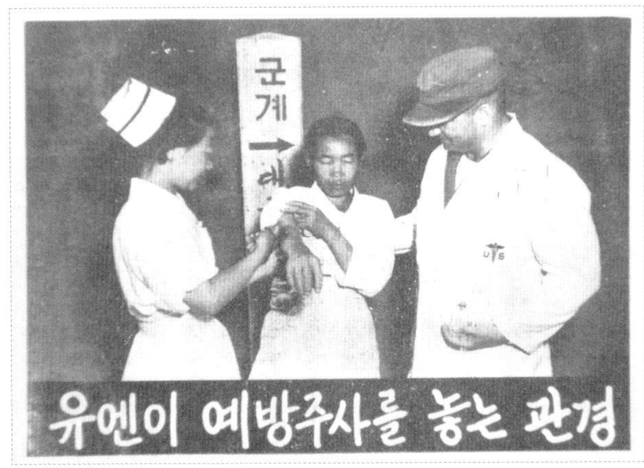

그림 41

로 만들어 버렸읍니다. 병이 퍼지는 것을 막지도 않을 뿐더러 인민들의 의식주에 대해서도 전혀 돌보지 않고 있읍니다. _ *뒷면 글* **(그림 41)**

미국은 전쟁에 개입하면서 미국이 한국인의 생명을 보호하는 존재로 비치기를 바랐죠. 그래서 위의 삐라처럼 병상에 누워 있는 병사들보다 예방 주사를 맞는 어린이나 여성들의 모습을 등장시킵니다. 이는 의료 시비스조차 제대로 제공하지 못하는 북한, 중국과 차별화된 인도주의에 바탕을 둔 '구원자 미국'으로 한국인에게 인식시키는 데 한몫했어요.

미국이 한국 전쟁 때 세균전을 벌였는지는 지금까지도 논의만 분분할 뿐 뚜렷한 결론에 이르지 못하고 있어요. 그러나 틀림없는 사실은 한국 전쟁 동안 많은 사람들이 전염병으로 죽거나 고통당했다는 것입니다. 전쟁은 무기뿐만 아니라 질병으로도 사람의 목숨을 위협한다는 사실을 한국 전쟁은 알려 줍니다.

07
계엄은 어떤 상황에서 선포되었나요?

미 8군 사령부가 만든 아래 삐라는 지리산 인근 지역에 뿌려졌답니다. 이때 지리산에는 빨치산이 군과 경찰을 상대로 유격전을 벌이고 있었죠. 이 삐라는 빨치산을 토벌하려 1951년 1월 25일부터 1952년 3월 14일까지 대전 이남 지역에 계엄을 선포했던 때에 뿌려졌어요. 계엄을 알리려 만들어진 이 삐라는 계엄이 무엇인지는 말하지 않고 '지역민들은 군과 경찰을 돕기에 노력을 아끼지 말라'고만 하네요. 왜 그럴까요?

계엄 지구 주민에게 고함

평화스러운 대한민국을 더럽히고 온갖 만행을 다 하는 공비를 소탕하는 군 작전을 도웁기 위하여 이번에 이 지구에 계엄령을 발포하게 되었다. 이로 말미암아 주민들은 모든 점에 있어 불편과 고통이 많은 것이다. 그러나 치안을 완전히 회복하기 위한 군 작전을 수행하는 데 불가피한 일이다. 최후의 결정적 승리를 가져올 중대한 작전이므로 주민들은 전력을 다하여 군경을 적극 협력하여 이번 작전을 성공적으로 끝마치도록 하라!

계엄 지구 주민에게 고함

평화스러운 대한민국을 더럽히고, 온갖 만행을 다 하는 공비를 소탕하는 군 작전을 도웁기 위하여 이번에 이 지구에 계엄령을 발포하게 되었다.

이로 말미암아 주민들은 모든 점에 있어 불편과 고통이 많을 것이다. 그러나 치안을 완전히 회복하기 위한 군 작전을 수행하

는데 불가피한 일이다. 최후의 결정적 승리를 가져 올 중대한 작전이므로, 주민들은 전력을 다하여 군경을 적극 협력하여 이번 작전을 성공적으로 끝마치도록 하라! 그래야만 주민들은 이 지구의 안녕 질서를 회복하고 평화스러운 생활을 다시 계속할수 있을것이다. 여러분이 마음놓고 살수 있으며 살인·방화·약탈·납치를 당할 공포를 없애기 위하여 우리는 싸우고 있는것이다. 친애하는 주민 여러분! 이를 잘 인식하여 적극적으로 협력하라!

군경을 도웁는것이 하루라도 빨리 행복하게 살수 있는 길이다.

예를 들면,

• 작전에 유리한 정보를 제공함으로

• 군경이 시키는대로 일해줌으로

• 통행금지 구역을 안다님으로

• 특히 공비들에게 과거를 청산하고 대한민국 품 안으로 귀순해 오도록 타이름으로……

무지한 공비들은 그들의 두목이 말하는 「귀순자는 학대하며 죽인다」는 허위 선전에 속고 있다. 귀순만 하면 절대로 포섭할것이며 인명을 소중히 여기는 대한민국에서 인도적 대우와 치료를 받을것이다.

북한 공산주의자들은 이북에서 자기네 군대가 와서 공비를도와줄것이라는 약속을 완전히 포기하였다.

거듭 알리노니, 용감하고 강력한 한국군부대가 선량한 주민 여러분의 생명·재산을 보호하기 위하여 인류의 적인 공비들을 완전히 소탕하기 위한 작전을 지금 이곳에서 전개하였다.

남녀 노소를 막론하고 공비 소탕에 전력을 다하자!

우리의 원수인 김일성도당과 중공의 무리들을 타도하기 위하여 총궐기 하자!

그림 42

그래야만 주민들은 이 지구의 안녕질서를 회복하고 평화스러운 생활을 다시 계속할 수 있을 것이다. 여러분이 마음 놓고 살 수 있으며 살인, 방화, 약탈, 납치를 당할 공포를 없애기 위하여 우리는 싸우고 있는 것이다. 친애하는 주민 여러분! 이를 잘 인식하여 적극적으로 협력하라!

군경을 도웁는 것이 하루라도 빨리 행복하게 살 수 있는 길이다.

예를 들면

* 작전에 유리한 정보를 제공함으로

* 군경이 시키는 대로 일해 줌으로

* 통행금지 구역을 안 다님으로

* 특히 공비들에게 과거를 청산하고 대한민국 품 안으로 귀순해 오도록 타이름으로 (…) **(그림 42)**

계엄이란 전쟁이나 내란 같은 상황에서 전국 또는 일부 지역에 군 병력을 상주시키며 그 지역의 사법권, 행정권의 일부 또는 전부를 군인인 계엄 사령관이 행사하는 상태를 가리킵니다. 곧 민간 정부나 행정 기관이 아닌 군이 통치하는 상태지요. 지리산 인근에 사는 지역민은 사실 계엄 상황에 익숙했어요. 이 지역에 처음 계엄이 선포된 때는 여순 사건[17]이 일어난 1948년 10월 22일이었습니다. 계엄 지역은 처음에는 여수와 순천이었는데 11월 1일 호남 지역 전체로 확대됐죠. 이때 지리산 인근 지역의 주민들은 계엄 상태의 무서움을 겪어야 했습니다. 조금이라도 적(반란군)과 내통했다는 의심을 받는 사람, 계엄군의 지시에 따르지 않는 사람들은 계엄군 지휘관의 즉결 처분으로 목숨을 잃어야 했으니까요. 즉결 처분은 아무런 법적 근거가 없었지만 군 지휘관들은 곳곳에서 이를 진행했어요. 지리산 주변에 사는 사람에게 계엄은 그야말로 '사람 목숨이 파리 목숨보다 못한 상황'이었던 거죠. 군은 '계엄이 선포되었다'는 사실만으로도 주민들에게서 바라는 바를 모두 얻을 수 있

17 여순 사건은 1948년 10월 19일 여수 주둔 14연대 일부 군인들이 제주도로 출동하라는 명령을 거부하면서 시작되었어요. 이들에게는 제주 4·3 항쟁을 진압하라는 명령이 내려진 상태였습니다. 이들은 여수와 순천을 거쳐 지리산으로 들어가 빨치산 활동을 했습니다. 이 과정에서 지방민들에 대한 학살이 반란군과 토벌군 양쪽에 의해 벌어졌지요.

었어요.

그런데 이때 호남 지역에 파견된 군 사령관이 발포한 계엄령은 많은 문제를 가지고 있었습니다. 1948년에는 계엄법이 제정되어 있지 않았어요. 대신 대한민국 헌법 제64조에 "대통령은 법률에 정하는 바에 의하여 계엄을 선포한다"라고 규정되어 있었지요. 그러니까 계엄 선포권은 대통령의 권한이지 군 사령관의 권한이 아니었죠. 그런데도 1948년 '대통령이 아닌' 군 사령관은 계엄을 선포하고 사람들을 즉결 처분해 죽이곤 했답니다.

계엄법은 1949년 11월 24일 법률 제69호로 제정, 공포됐어요. 계엄법이 제정된 까닭은 제주 4·3 항쟁과 여순 사건 때 발포된 계엄령의 법적 근거가 논란이 됐기 때문이에요.

그러면 한국 전쟁 동안 계엄은 어떻게 선포, 운영됐을까요? 전쟁이 일어난 뒤인 1950년 7월 8일 일부 지역에 계엄이 선포되었고 12월 7일에는 다시 전국에 계엄을 선포합니다. 이때부터 계엄은 전쟁의 진행에 따라 해제와 선포를 반복했지만 사실상 전쟁이 끝날 때까지 계엄 상황이었어요.

계엄은 사법·행정권을 계엄 사령관에게 모두 주어 일상적인 법의 효력을 정지시킵니다. 당연히 계엄 지역의 사법 질서는 다른 지역과 달랐어요.

위의 삐라에서처럼 계엄 지구 주민에게 일상은 남을 의심하고, 고발하고, 군이 민간인을 감시하고, 군에 대한 추종만이 있을 뿐이죠. 근대 국가를 향한 인류의 노력이 입법, 사법, 행정이라는 삼권 분립을 낳았고, 이를 바탕으로 민주주의가 운영됐다면 계엄은 시간을 거슬러 계엄 사령관에게 모든 것을 맡겨야만 했습니다. 심지어 계엄 사령부는 물가 안정을 이유로 숙박료, 이발 요금, 국밥 값, 생선회 값까지 기준 가격을 결정해 포고할 만큼 사람들의 삶 전체를 간섭했어요. 곧 한국 전쟁 동안 계엄은 군의 민간 지배라는 한국 사회의 일상을 만들었죠. 계엄은 전쟁 동안에 그치지 않고 전쟁 뒤에도 자주 선포됐답니다.

한국 전쟁 뒤 계엄 선포 일지

선포일	내용
1960년 4월 19일	이승만 대통령, 시민들의 부정 선거 규탄 시위를 진압하려 계엄 선포(서울 지역)
1960년 5월 16일	박정희, 군사 혁명 위원회, 군사 정변으로 정권 장악한 뒤 전국에 계엄을 선포
1964년 6월 3일	학생들의 한일 회담 반대를 진압하려 계엄 선포(서울 지역)
1972년 10월 17일	박정희 대통령, '조국의 통일과 번영'을 명분으로 계엄 선포, 유신 헌법으로 이어짐
1979년 10월 18일	부산 · 마산 지역의 유신 반대 시위를 진압하려 계엄 선포
1979년 10월 27일	박정희 대통령 피격 사망에 따른 '국가 원수의 부재'를 이유로 계엄 선포
1979년 12월 13일	전두환 등 신군부 세력, 12·12 쿠데타 뒤 계엄 선포하고 정권 장악
1980년 5월 17일	신군부 세력, 사회 혼란을 이유로 계엄 선포. 광주 민주화 운동 무력 진압으로 이어짐

위 표는 언제 어떤 상황에서 계엄이 선포됐는지를 보여 줍니다. 독

재, 부패, 부정에 반대하는 시민들의 저항이 거세지거나 비정상적인 방법으로 권력을 장악하려 할 때 정부나 군은 어김없이 계엄령을 발포했지요. 이렇듯 한국 현대사에서 계엄은 나라 밖의 위협으로부터 국민을 보호하는 조치가 아닙니다. 계엄으로 국민은 때로는 군의 무력에 억압받았고 때로는 죽음으로 내몰리기도 했습니다.

08
전쟁 포로의 생활은 어땠나요?

예로부터 전쟁 포로는 전리품의 하나로 전쟁 뒤 죽임을 당하거나 노예로 전락하곤 했어요. 전쟁 포로의 지위가 변화를 맞은 때는 제1차 세계 대전과 제2차 세계 대전을 거치면서였죠. 1929년 스위스 제네바에서 맺어진 국가 사이의 조약은 '교전국은 상대국의 포로들을 인간적으로 대우하고 그들의 소식을 상대에게 알리며, 중립국 대표의 포로수용소 방문을 허용'토록 했습니다. 그리고 제2차 세계 대전 뒤인 1949년 다시 제네바에서 군인과 민간인을 전쟁으로부터 보호하는 국제 조약이 맺어졌어요. 이렇게 여러 차례에 걸쳐 제네바에서 맺어진 국제 조약을 제네바 협정 또는 적십자 조약이라 한답니다. 이 조약에 가입한 나라는 이를 지킬 의무가 있지요. 제네바 협정은 '포로에 대한 인간적인 대우, 적절한 음식과 구호품의 지급'과 함께 '국적, 이름, 군번, 생일 따위 기초적인 정보 이외의 군사나 정치 기밀을 얻으려 포로에게 고문과 같은 압력을 가하지 못하도록' 규정했어요.

맥아더는 1950년 7월 4일, 북한군 포로를 국제 관계, 곧 제네바 협정에 따라 대우하겠다고 선언했어요. 아래 삐라는 이에 대한 설명입니

유엔군은 1949년 제네바 포로대우 협정에 따라 다음과 같이 대우할것을 약속한다.

1 포로를 전투 지역에서 이송하며 방공호를 예비할것.
2. 부상자와 병자를 치료할것.
3 식사는 포로의 관습을 고려하여 여러가지로 할것 이며 또한 충분하게 급식할것.
4 충분한 피복을 공급할것.
5. 세수 목욕 세탁등에 필요한 시설과 물자를 제공할것
6 포로로 된 날부터 일주일 후에는 한달에 적어도 편지 두장과 엽서 넉장을 부칠수 있도록 할것.
7 폭행을 하거나 인격을 손상시키지 말것.
8. 무기와 군사 서류 외의 개인의 물건을 빼앗지 말것.
9. 포로의 이름 계급 생일 군번 만을 심사할것.
10 인종 국적 종교 사상 여하를 막론하고 똑같이 대우할것

조국 재건을 도웁기 위하여 살아야만 된다! 저항을 중지하고 전쟁이 끝날때끼지 유엔군의 손님이 되라!

그림 43, 43-1

다. 북한 또한 비슷한 내용을 선전했죠.

유엔군은 1949년 제네바 포로 대우 협정에 따라 다음과 같이 대우할 것을 약속한다.

1. 포로를 전투 지역에서 이송하며 방공호를 예비할 것.

2. 부상자와 병자를 치료할 것.

3. 식사는 포로의 관습을 고려하여 여러 가지로 할 것이며 또한 충분하게 급식할 것.

4. 충분한 피복을 공급할 것.

5. 세수, 목욕, 세탁 등에 필요한 시설과 물자를 제공할 것.

6. 포로로 된 날부터 일주일 후에는 한 달에 적어도 편지 두 장과 엽서 넉 장을 부칠 수 있도록 할 것.

7. 폭행을 하거나 인격을 손상시키지 말 것.

8. 무기와 군사 서류 외의 개인의 물건을 빼앗지 말 것.

9. 포로의 이름, 계급, 생일, 군번만을 심사할 것.

10. 인종, 국적, 종교, 사상 여하를 막론하고 똑같이 대우할 것.

조국 재건을 도웁기 위하여 살아야만 된다!

저항을 중지하고 전쟁이 끝날 때까지 유엔군의 손님이 되라! _ *뒷면 글*

(그림 43, 43-1)

또한 제네바 협정은 포로의 대우뿐만 아니라 송환에 대해서도 '포로는 적극적인 적대 행위가 멈춘 뒤 곧바로 석방하고 송환해야 한다'고

하여 조건 없는 송환을 원칙으로 규정했어요. 그런데도 전쟁 포로 송환 문제는 휴전 협상을 1년 6개월이나 질질 끌게 했어요. 〈그림 44〉의 삐라는 강제 송환을 주장하는 중국군과 북한군 때문에 휴전 협정이 지연되어 병사들만 희생되고 있다고 비난합니다. 왜 그랬을까요?

휴전 회담을 끄는 공산 측

휴전 지연 주검만 가져온다! _ *앞면 글*

(…) 여러분은 휴전 회담이 시작된 지 1년 이상이 지났음에도 불구하고 아직도 전쟁이 계속되고 있는 그 이유를 아는가? 그것은 북한 공산 두목들이 중공의 말만 듣고 조국의 희생을 돌보지 않기 때문이다.

즉 수천 명의 강제 송환을 반대하는 중공 귀순병들을 유엔의 자유주의에 입각한 반대에도 불구하고 데려다 벌을 주자는 것이다. 공산 측은 이 수천 명의 중공 귀순병들을 강제 송환시키기 위하여 휴전 회담을 끌며 무고한 한국인만 희생시키고 있다. (…) _ *뒷면 글*

〈그림 44〉

휴전 협상을 시작하면서 미국은 13만 명가량의 포로 명부를 제출했으나 북한과 중국은 1만 1,000명가량의 포로 명부를 내밀었어요. 북한은 이미 1950년 말 유엔군 포로가 5만 명가량 된다고 발표한 바 있었죠. 이렇게 양쪽의 포로 수가 크게 차이가 나고 그마저도 의심스러운 상황이 되자 미국은 포로를 '1대 1'로 맞교환하자고 제안했습니다. 그

그림 44

리고 나중에는 포로 개인의 의사에 따라 송환하자는 '자유 송환 원칙'을 내세웠죠. 북한이나 중국으로 돌아가기를 바라는 포로는 송환하고 남한에 남기를 바라는 포로는 돌려보내지 않겠다는 생각이었어요.

조건 없는 송환을 주장하는 북한 · 중국과 자유 송환을 내세운 미국 사이에 오랫동안 설전이 벌어졌어요. 이렇게 포로 송환 문제가 복잡하게 꼬인 까닭은 한국 전쟁이 국제전이면서 내전內戰이기 때문이에요. 병사들은 38선이 나뉠 때 어느 지역에 살고 있었느냐에 따라 그 소속이 정해졌어요. 더구나 전쟁이 일어난 뒤 북한은 남한 지역에서 의용군이란 이름으로 청년들을 동원했죠. 그러니 포로가 된 북한군 병사들 가운데 일부는 당연히 남한에 남고 싶었겠죠.

또한 미국과 중국의 이해관계도 얽혀 있었어요. 미국이 자유 송환 원칙을 끝까지 지키려 한 까닭은 공산 포로들이 자기 나라로 가지 않으려 할 때 미국으로서는 전쟁의 명분을 얻을 수 있을 뿐만 아니라 공산주의와의 이데올로기 싸움에서 승리한 것처럼 보이기 때문이었죠. 한편 중국은 중국군 포로 가운데 일부가 대만으로 가는 상황을 막고자 했습니다. 대만의 국민당 정부와 대립하고 있던 중국으로서는 정치적으로 곤란한 상황에 빠질 수도 있었거든요.

이렇게 포로 송환에는 각 나라의 복잡한 상황이 얽혀 있었어요. 그렇다면 휴전 협정이 지루하게 늦어지는 동안 포로들은 어떻게 살았을까요?

북한 공산군 장병들에게

그림 45, 45-1

나는 이 소식을 옛 동지들에게 전하므로써 내가 남한 수용소에서 얼마나 잘 지내고 있다는 것을 알리려는 것이다. 여기 있는 나와 내 동료들은 전쟁터로부터 떠러진 곳에서 좋은 대우를 받으면서 안락한 그날그날을 보내고 있다.

우리들은 깨끗한 천막촌에서 공동생활을 하고 있다.

나는 같은 천막에서 지내는 동료들과 함께 자미있는 시간을 보내고 있다

우리들의 식사는 동료들이 짓고 있으며 우리는 영양 있는 음식을 배부르게 먹을 수 있다. **(그림 45)**

그림 46

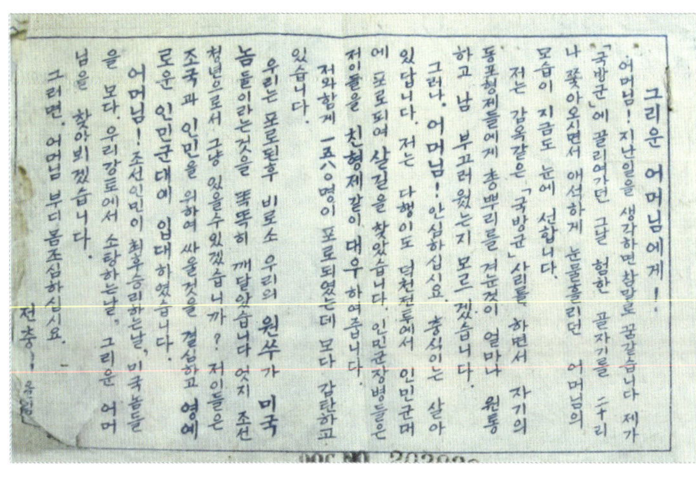

그리운 어머님에게!

어머님! 지난일을 생각하면 참말로 꿈같습니다 제가 「국방군」에 끌리여가던 그날 험한 골자기를 二十리나 쫓아오시면서 애석하게 눈물흘리던 어머님의 모습이 지금도 눈에 선합니다.

저는 감옥같은 「국방군」 사리를 하면서 자기의 동포형제들에게 총뿌리를 겨눈것이 얼마나 원통하고 남 부끄러웠는지 모르겠습니다.

그러나 어머님! 안심하십시요. 충식이는 살아있답니다. 저는 다행이도 덕천전투에서 인민군에 포로되여 살길을 찾았습니다. 인민군장병들은 저이들을 친형제같이 대우하여줍니다.

저와함께 一五八〇명이 포로되였는데 모다 감탄하고 있습니다.

우리는 포로된후 비로소 우리의 원쑤가 미국놈들이라는것을 똑똑히 깨달았습니다 엇지 조선청년으로서 그냥 있을수있겠습니까? 저이들은 조국과 인민을 위하여 싸울것을 결심하고 영예로운 인민군대에 입대하였습니다.

어머님! 조선인민이 최후승리하는날, 미국놈들을 모다 우리강토에서 소탕하는날, 그리운 어머님을 찾아뵈겠습니다.

그러면 어머님 부디 몸조심하십시요.

전충식 올림

그림 47

우리는 가끔 목욕을 한다.

우리는 우리들의 생활에 필요한 물건을 수공장에서 만든다.

저녁이 되면 음악하는 동료들이 모여서 우리들을 위하야 자미있는 음악을 들려준다. 이상으로 동지들은 우리들의 생활을 능히 짐작하겠지만 우리들의 생활은 자미있고 희망에 가득 차 있다. 만일 동지들이 공산주의 독재로부터 도망해 온다면 제군은 유엔 수용소 내의 여러 가지 자미있는 사실을 더 잘 알 수가 있을 것이다. 짬나는 대로 여기 생활을 또 알려 주기를 약속하면서 (…) **(그림 45-1)**

미군 포로들의 수용소 생활

포로들은 충분한 식사를 제공받고 있다

부상당한 포로가 치료를 받고 있다. **(그림 46)**

그리운 어머님에게! (…)

어머님! 안심하십시오. 충식이는 살아 있답니다. 저는 다행이도 덕천 전투에서 인민군대에 포로 되여 살길을 찾았습니다. 인민군 장병들은 저이들을 친형제같이 대우하여 줍니다.

저와 함께 1580명이 포로 되였는데 모다 감탄하고 있습니다. 우리는 포로 된 후 비로소 우리의 원쑤가 미국 놈들이라는 것을 똑똑히 깨달았습니다. 엇지 조선 청년으로서 그냥 있을 수 있겠습니까? 저이들은 조국과 인민을 위하여 싸울 것을 결심하고 영예로운 인민군대에 입대하였습니다.

(…) 전충식 올림 **(그림 47)**

〈그림 45, 45-1〉은 포로수용소의 생활을 묘사하고 있어요. 삐라는 유엔군이 제네바 협정에 맞게 깨끗한 천막를 제공하고 포로들은 잘 씻고 잘 먹고 오락을 즐기면서 자유롭게 생활한다고 소개하고 있죠. 〈그림 46〉과 〈그림 47〉은 북한이 만들었습니다. 〈그림 46〉에서 미군 포로들은 적당한 식사와 치료를 받고 있다고 소개하고 있네요. 〈그림 47〉에서도 포로가 되어 살길을 찾았으니 걱정하지 말라고 합니다.

그러나 위의 삐라에서 소개한 것처럼 포로수용소에서의 포로들의 생활이 마냥 평화롭지는 않았답니다. 휴전 협상이 늦춰질수록 포로수용소에서의 포로들은 또 다른 전쟁을 경험했어요. 포로수용소는 포로들이 식사를 거부하거나, 금지된 노래를 부르거나, 수용소 정책에 반대하면 무력 진압과 발포로 대응했습니다. 또한 송환 포로와 비송환 포로 사이에 벌어진 이념 투쟁도 포로들의 죽음을 부추겼지요. 국제 적십자에서는 유엔군 포로수용소에서 죽은 포로의 수를 1만 3,814명으로 집계했습니다. 포로수용소는 포로들에게 또 다른 전장이나 다름없었습니다.

09
빨치산은 누구인가요?

빨치산partizan은 유격전을 벌이는 부대 또는 그 구성원을 일컫는 말로 게릴라guerilla라고도 불립니다. 우리나라에서는 한국 전쟁에 앞선 1948년 초부터 지방의 좌익들이 조직한 야산대野山隊로 불린 무장 유격대가 등장했고 10월 여순 사건을 계기로 본격적인 유격전이 시작됐지요. 지리산을 중심으로 한 지역의 빨치산들은 여수, 순천을 점령했던 14연대 출신 군인들과 지역 좌익 세력, 그리고 이들을 지지하는 주민들로 구성돼 있었어요.

그 뒤 경북, 강원의 산악 지대로 무장 유격대 활동이 확대되면서 빨치산은 인민 유격대 3개 병단으로 편성됩니다. 인민 유격대 제1병단은 오대산과 태백산 일대에서, 제2병단은 지리산 지구에서, 제3병단은 경북 동해안 일대에서 활동했어요. 그러나 1949년 말부터 겨울철을 틈타 벌인 군과 경찰의 토벌로 1950년 봄 빨치산은 겨우 명맥만 이어가고 있었죠.

한국 전쟁은 빨치산 활동에 커다란 변화를 가져왔습니다. 유엔군의 인천 상륙으로 후퇴할 길이 막힌 북한군 병사들과 북한군이 점령했던

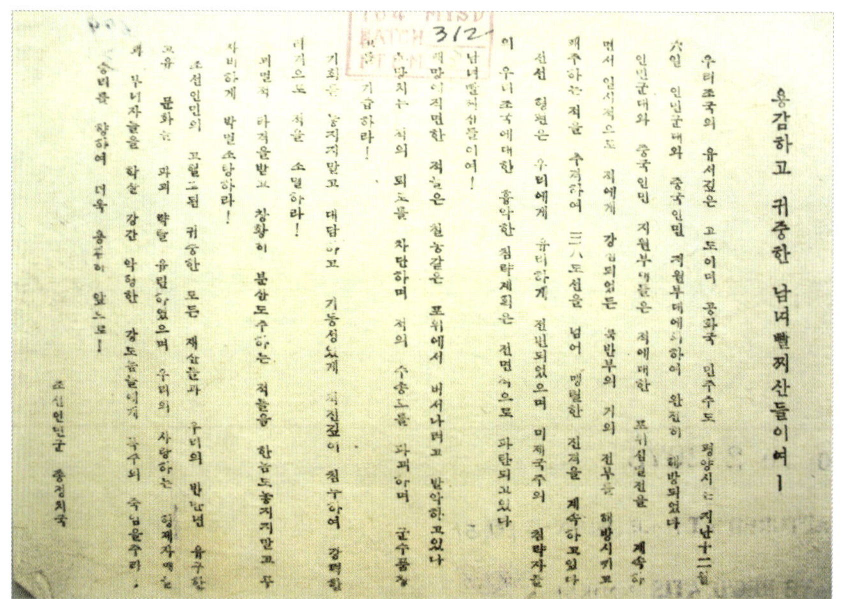
용감하고 귀중한 남녀빨찌산들이여 !

우리조국의 유서깊은 고도이며 공화국 민주수도 평양시는 지난十二월 六일 인민군대와 중국인민 지원부대에 의하여 완전히 해방되었다

인민군대와 중국인민 지원부대들은 적에대한 포위섬멸전을 계속하면서 일시적으로 적에게 강점되었든 남반부의 거의 전부를 해방시키고 패주하는 적을 추격하여 三八도선을 넘어 맹렬한 진격을 계속하고있다

전선 형편은 우리에게 유리하게 전변되었으며 미제국주의 침략자들이 우리조국에대한 흉악한 침략계획은 전면적으로 파탄되고있다

남녀빨찌산들이여!

패망에직면한 적들은 철통같은 포위에서 버서나려고 발악하고있다

도망치는 적의 퇴로를 차단하며 적의 수송로를 파괴하며 군수품창고를 기습하라!

기회를 놓지지말고 대담하고 기동성있게 적진깊이 침투하여 강력한 타격으로 적을 소멸하라!

괴멸적 타격을받고 창황히 불상도주하는 적들을 한놈도놓지지말고 무자비하게 박멸소탕하라!

조선인민의 고혈로된 귀중한 모든 재산들과 우리의 반만년 유구한 고유 문화를 파괴 략탈 유린하였으며 우리의 사랑하는 형제자매들과 부녀자들을 학살 강간 악형한 강도놈들에게 복수의 죽엄을주라.

승리를 향하여 더욱 용감히 앞으로!

조선인민군 총정치국

그림 48

지역에서 활동했던 좌익 및 그 가족들이 군과 경찰을 피해 산으로 들어갔거든요. 경찰의 통계에 따르면 전라남도 지역에서만 5만 명 넘게 산악 지대로 피신했다고 합니다. 이 가운데 무장한 인원은 20퍼센트 남짓이었고 상당수는 전황이 바뀌면서 산을 내려와 귀순하거나 산맥을 따라 북으로 올라갔어요.

빨치산의 주요한 임무와 활동은 무엇이었을까요? 전쟁 때 그들이 남긴 삐라는 이를 다음과 같이 소개하고 있습니다.

> 용감하고 귀중한 남녀 빨찌산들이여! (…)
> 패망에 직면한 적들은 철통 같은 포위에서 버서나려고 발악하고 있다. 도망치는 적의 퇴로를 차단하며 적의 수송로를 파괴하며 군수품 창고를 기

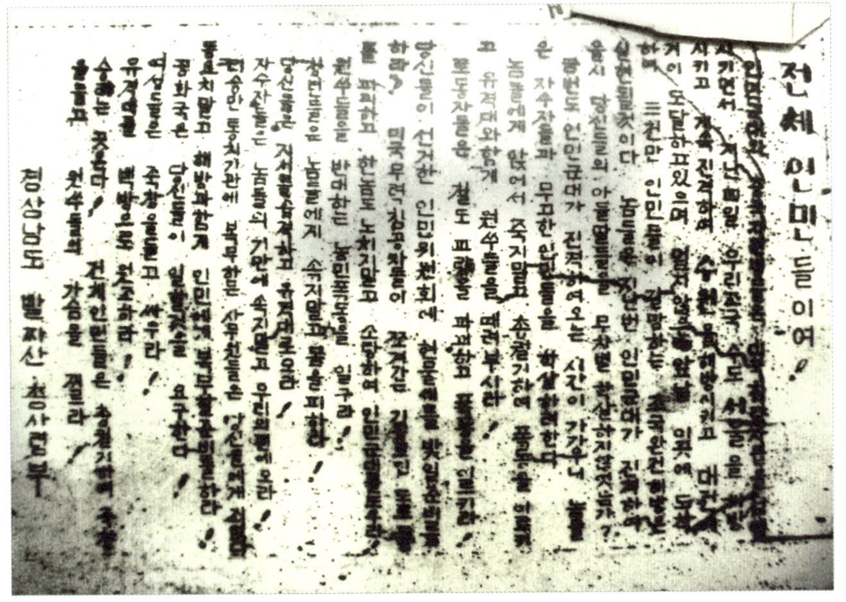
전체 인민들이여!
[illegible]
시키면서 지난 四일 우리조국 수도 서울을 해방
시키고 계속 진격하여 수원을 해방시키고 대전에 [illegible]
거이 도달하고있으며 멀지 않은 앞날에 있어 [illegible]
하여 三천만 인민들이 갈망하는 조국완전해방도
실현될것이다 놈들은 지난번 인민군대가 진격하여
올시 당신들의 아들딸들을 무차별 학살하지않었는가?
금번도 인민군대가 진격하여오는 시간이 가가우니 놈들
은 자수자들과 무고한 인민들을 학살할려한다
놈들에게 앉어서 죽지말고 총궐기하여 폭동을 이르켜
고 유격대와함께 원쑤들을 때려부시라!
로동자들은 철도 교량을 파괴하고 폭동을 일르키라!
당신들이 선거한 인민위원회에 [illegible]
하라? 미국무력 침공자들이 쫓겨간 [illegible]
를 파괴하고 한놈도 노치지말고 소탕하여 인민군대를 도우라!
원쑤들을 반대하는 농민폭동을 일구라!
청년들은 놈들에게 속지말고 몸을피하라!
당신들은 지서를습격하고 유격대로 오라!
자수자들은 놈들의 기만에 속지말고 우리의편에 오라!
리승만 통치기관에 복무하는 사무원들은 당신들에게 [illegible]
동요치말고 해방과함께 인민에게 복무할준비를하라!
공화국은 당신들이 일할것을 요구한다!
여성들은 죽창을들고 싸우라!
유격대를 백방으로 원조하라!
승리는 곳온다! 전체인민들은 총궐기하여 [illegible]
을들고 원쑤들의 가슴을 찔르라!
경상남도 빨찌산 총사령부

그림 49

습하라! 기회를 놓치지 말고 대담하고 기동성 있게 적진 깊이 침투하여 강력한 타격으로 적을 소멸하라!

괴멸적 타격을 받고 창황히 분산 도주하는 적들을 한 놈도 놓치지 말고 무자비하게 박멸 소탕하라!

조선 인민의 고혈로 된 귀중한 모든 재산들과 우리의 반만 년 유구한 고유문화를 파괴 약탈 유린하였으며 우리의 사랑하는 형제 자매들과 부녀자들을 학살, 강간, 악형한 강도 놈들에게 복수의 죽엄을 주라. 승리를 향하여 더욱 용감히 앞으로!

조선 인민군 총정치국 **(그림 48)**

전체 인민들이여! (…)

놈들에게 앉어서 죽지 말고 총궐기하여 폭동을 일으키고 유격대와 함께 원쑤들을 때려 부시라!

노동자들은 철도 교량을 파괴하고 폭동을 일으키라!

당신들이 선거한 인민 위원회에 현물세를 밫일 준비를 하라. 미국 무력 침공자들이 쪼겨 가는 기동로인 도로 교량을 파괴하고 한 놈도 노치지 말고 소탕하여 인민군대를 도우라!

원수들을 반대하는 농민 폭동을 일구라!

청년들은 놈들에게 속지 말고 몸을 피하라!

당신들은 지서를 습격하고 유격대로 오라!

자수자들은 놈들의 기만에 속지 말고 우리의 편에 오라!

리승만 통치 기관에 복무하든 사무원들은 당신들에게 죄 없다 동요치 말고 해방과 함께 인민에게 복무할 준비를 하라!

공화국은 당신들이 일할 것을 요구한다!

여성들은 죽창을 들고 싸우라!

유격대를 백방으로 원조하라!

승리는 곳 온다. 전체 인민들은 총궐기하여 죽창을 들고 원쑤들의 가슴을 찌르라!

경상남도 빨찌산 총사령부 **(그림 49)**

삐라 〈그림 48〉은 조선 인민군 총정치국이, 삐라 〈그림 49〉는 경상남도 빨치산 총사령부가 만들었어요. 이 두 삐라는 빨치산이 어떤 역할을 하는지 잘 보여 주고 있습니다. 이에 따르면 유엔군과 한국군의 후방을 교란하고 보급선을 차단하는 일이 빨치산의 주요한 임무였어요. 빨치산들은 곳곳에서 군, 경찰과 전투를 벌였죠. 1951년 5월 26일 새벽에 있었던 충청북도 청주 습격은 규모가 큰 유격전이었습니다. 이날 '조선 인민 유격대 남부군' 산하 승리 사단의 결사대는 청주를 습격해 도청, 경찰서, 검찰청을 점령하고 수감자 129명을 석방한 뒤 철수했지요.

이 같은 활발한 유격전과 전황의 변화는 빨치산에 대한 대대적인 토벌을 불러왔습니다. 1951년 하반기, 육군 본부는 지리산을 중심으로 한 남한 지역 빨치산을 토벌하려고 특수 임무 부대를 조직했어요. 부대는 사령관 백선엽의 이름을 빌려 백 야전 전투 사령부白野戰戰鬪司令部로 불렸습니다. 부대에는 수도 사단과 8사단을 비롯해 경찰의 서남 지구 전투 사령부, 태백산 지구 전투 사령부, 지리산 지구 전투 사령부가 배속돼 있었어요. 이 밖에 60여 명의 미 고문단이 통신과 연락 및 심리전을 지원했답니다.

백 야전 전투 사령부는 1951년 11월 25일부터 1952년 3월 14일까지 대전 남쪽 지역에 계엄을 선포하고 '쥐잡이 작전'으로 이름 붙인 토벌 작전을 벌였지요. 이 기간 동안 빨치산 5,009명이 죽었고 3,748명이 잡히거나 투항했어요. 아래는 이때 뿌려진 삐라입니다.

과학적 신수 보는 법

며칠 못 가서 비참히 쓰러질 빨찌산들이여! 죽기 전에 점이나 한 번씩 쳐 보는 것이 어떠할까? 이 아래 아홉 가지를 읽고서 마음에 맞는 것에는 O 표를 치고 틀린 것에는 X 표를 친 후, O 표가 다섯 개 이상이 되면 다시

과학적 신수 보는 법

당신은 금년 죽지 않으면 살 괘요! 어서 집으로 가 보시오!

며칠 못 가서 비참히 쓰러질 빨찌산 들이여! 죽기 전에 점이나 한 번씩 처보는 것이 어떠할가!?

이 아래 아홉 가지를 읽고서 마음에 맞는 것에는 O 표를 치고 틀리는 것에는 X 표를 친 후, O 표가 다섯개 이상이 되면 다시 살 길을 찾을 수 있는 자격이 생기는 괘다.

1	따뜻한 온돌방에서 자고 싶다.	
2	맛난 음식을 배 불리 먹고 싶다.	
3	빨찌산은 머지 않아 소탕 된다.	
4	여태 공산당 간부들에게 속은 것이 분하다.	
5	대한민국은 귀순자의 생명을 보호한다.	
6	부모처자를 다시 만나보고 싶다.	
7	김일성 장군은 매국노이다.	
8	나는 대한민국의 진정한 국민이 되고 싶다.	
9	유엔군은 공산군보다 우세하다.	

O 표가 다섯개 이상 되는 사람은 후면을 읽으라.

그림 50

살길을 찾을 수 있는 자격이 생기는 괘다.

1. 따뜻한 온돌방에서 자고 싶다.

2. 맛난 음식을 배불리 먹고 싶다.

3. 빨찌산은 머지않아 소탕된다.

4. 여태 공산당 간부들에게 속은 것이 분하다.

5. 대한민국은 귀순자의 생명을 보호한다.

6. 부모 처자를 다시 만나보고 싶다.

7. 김일성 장군은 매국노이다.

8. 나는 대한민국의 진정한 국민이 되고 싶다.

9. 유엔군은 공산군보다 우세하다.

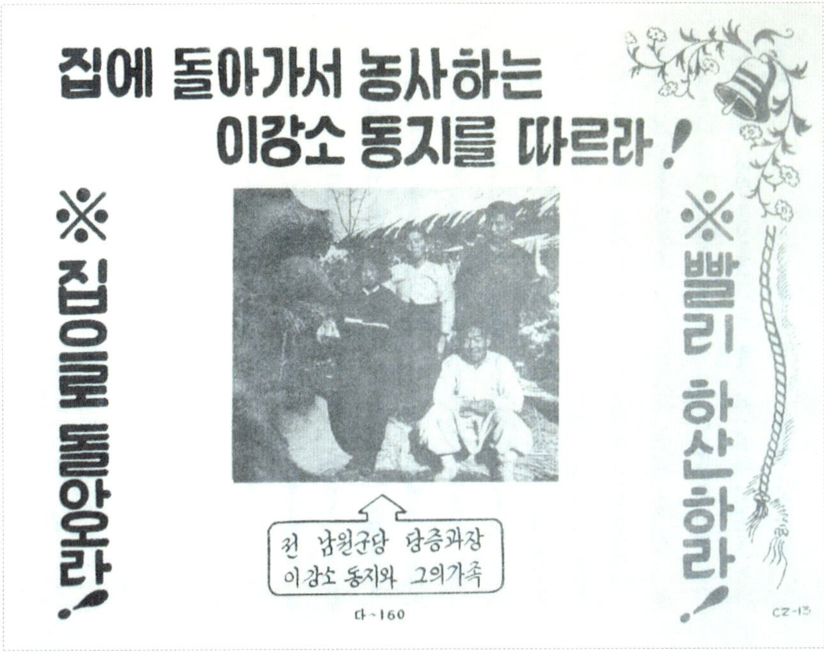

그림 51

○ 표가 다섯 개 이상 되는 사람은 후면을 읽으라.

백 야전 전투 사령관 육군중장 백선엽 _ *앞면 글* **(그림 50)**

위 삐라만큼이나 많이 만들어진 삐라는 빨치산의 자기 고백서로 꾸민 삐라예요. 옛 빨치산을 등장시켜 투항을 권하는 삐라죠. 어떤 내용인지 아래의 삐라 〈그림 51〉의 뒷면 글을 읽으면 알 수 있을 거예요.

빨찌산 옛 동지들이여! 동상 걸린 다리를 끌면서 눈보라 치는 산골짝을 헤매는 동지들이여! 이 엄동설한에 얼마나 고생을 합니까? 추위와 굶주림 그리고 국군과 경찰의 포위 속에서 오직 고귀한 생명을 살리고저 분투하는 동무들의 그 심정을 잘 아는 나는 동정의 마음을 금할 수 없읍니다. 옛 동지들! 나는 과거 8년간 남로당원으로 할동하였고 전 남원군당 당증 과장으로 있었으며 동무들과 같이 산 생활을 하여 왔으나 4285(1952)년 1월에 조국 대한의 따뜻한 품 안으로 분연 돌아왔읍니다. 나와 같은 반역자도 바다와 같은 사랑으로 맞어 주어서 과거의 죄과는 관대히 용서하고 나를 꿈에 그리든 집으로 돌려보내 주었을 때 나는 감격의 눈물을 흘리지 않을 수 없었읍니다. 나는 집으로 돌아온 후 늙은 아버지를 못시고 사랑하는 처자와 동생들을 대리고 열심히 농사를 하여 많은 수확을 얻었읍니다. (…) 동무들! 내 말을 신용하시오. 빨리 하산하여 집으로 돌아오시요.

전남원군당 당증과장 이강소 _ *뒷면 글* **(그림 51)**

'쥐잡이 작전'이 끝난 1952년 봄 남한 지역의 빨치산은 국방부 추산 3,000여 명에 불과할 정도로 급격히 약화됐어요. 그 뒤에도 휴전 협상이 진전되고 고립된 상태에서 빨치산의 유격전은 계속 됐으나 예전과 같지는 않았지요. 전쟁이 끝난 1953년 9월 생존한 빨치산은 978명 정도로 추산됐지요. 이제는 유격전은 고사하고 살아남는 일마저 어려워졌습니다. 공식적으로 기록된 마지막 빨치산은 1963년 11월에 총상을 입고 체포된 여성 정순덕이었습니다.

10
민간인들은 왜 죽임을 당했을까요?

소설가 임철우의 작품을 바탕으로 만든 〈그 섬에 가고 싶다〉라는 영화에 이런 장면이 있습니다. 한국 전쟁 때 조그만 섬 마을에 북한군 복장을 한 군인들이 들이칩니다. 군인들은 섬사람들을 모아 놓고 인민군 편에 설 건지, 아니면 국방군 편에 설 건지 선택하라고 하죠. 생각해 보세요. 어지간한 이가 아니면 눈앞에 총을 들고 서 있는 편을 드는 게 당연하겠죠. 그런데 북한군 복장을 했던 군인들이 사실은 한국군이었어요. 사람들의 속내를 떠보려 옷을 바꿔 입고 섬에 들어온 겁니다. 군인들은 북한군 편에 선 사람들을 죽이죠. 이 이야기는 단지 소설이나 영화 속 이야기만은 아니랍니다.

1951년 2월 9일, 경상남도 거창군 신원면에 국군 11사단 9연대 3대대 소속 군인들이 들어왔어요. 군인들은 빨치산과 내통했다며 집을 불태우고 주민들을 눈 덮인 논으로 끌어내 기관총으로 쏘아 죽입니다. 다음 날에도 다른 마을로 옮겨 비슷한 일을 저질렀고요. 이렇게 사흘 동안 신원면에서만 모두 719명이 한국군 손에 학살당했어요. 그런데 학살당한 이들 가운데 398명이 열다섯 살도 안 된 아이들이었고 예순이 넘는 노인도 60명이었어요. 나머지도 대개 여자들이었죠. 갓난아기부터 열 살 남짓한 아이들이 정말 빨치산과 내통했겠습니까? 그러고는 이 일이 알려지는 것이 두려워 이 지역에 계엄을 선포해 출입을 금지시키고 증거를 없애려 시신 위에 나무를 덮고 기름을 뿌린 뒤 불로 태워 버리기까지 했습니다.

'거창 양민 학살 사건'으로 불리는 민간인 학살 이야기입니다. '지어낸' 이야기라고요? 그렇지 않습니다. 미국 신문 〈워싱턴 포스트〉에 대문짝만 하게 보도됐고 국회 조사단까지 파견되었던 실제 있었던 일이랍니다.

거창 사건은 전쟁 동안 벌어진 민간인 학살의 한 예에 불과해요. 전쟁 전에도 제주도, 여수, 순천, 함양을 비롯한 여러 곳에서 민간인 학살이 있었어요. 그리고 전쟁 동안에는 수많은 민간인 학살이 남북한에서 저질러졌습니다. 남한의 군인과 경찰은 전쟁이 일어난 뒤 2개월 동안 국민 보도 연맹원과 전국 형무소에 갇혀 있는 사람들을 학살했죠. 이때 죽은 사람이 얼마인지 통계조차 제대로 남아 있지 않답니다. 국민 보도 연맹은 원래 좌익이었다가 전향한 사람들을 모아 충성스러운 대한민국 국민으로 만들려 조직한 단체예요. 그런데 지방에서는 경찰이 나서서 좌익과 상관없는 사람들을 보리쌀을 준다고 꼬드기거나 해서 강제로 가입시킨 경우도 많았죠. 30만 명에 달하는 보도 연맹원에 이런 사람들도 많았습니다. 보도 연맹원뿐만 아니라 '통비분자'를 소탕한다는 구실로 지리산 인근 지역의 주민들이 학살당하기도 했고요, 부역 혐의자 또는 그 가족이라 해서 학살당하기도 했습니다.

북한군도 다르지 않았어요. 각 지역을 점령하고 있거나 후퇴할 때 수많은 경찰, 공무원, 그 가족들 그리고 좌익이었다가 전향한 사람들을 '반동분자'라는 구실로 학살했어요. 대전 형무소에는 우익 인사와 가족들이 수감되어 있었는데 후퇴할 때 이들을 모두 죽여 버립니다. 또 전라남도 임자도에서는 절반이 넘는 주민이 북한군과 지방 좌익에 의해 처형되었다고 합니다.

앞서 피난을 다루면서 소개했던 '노근리 사건' 기억나시죠? 노근리에서처럼 미군이 저지른 민간인 학살도 많았답니다. 미군에 의한 민간인 학살은 대개 피난민이 그 대상으로, 비행기의 기총 소사나 폭격에 의한 것입니다. 〈그림 52〉와 〈그림 53〉은 북한군이 만든 삐라로 그런 상황을 알려 줍니다.

어머니!

엄마! 엄마! 우리 엄마 누가 죽였나?

리승만 괴뢰군 장병들이여!

미국 강도 놈들의 이 만행을 보라!

어머니를 잃고 애닯게 우는 이 어린이들의 목소리를 들으라! 바로 당신들의 나 어린 자식들과 동생들의 서러운 목소리를!

미국 강도 비행기의 폭격과 기총 소사로 원통하게 죽어간 조선의 수많은 어머니들의 원한을 풀자! 의거하라! 투항하라! 인민군 편으로! **(그림 52)**

리승만 괴뢰군 장병들이여! 당신들은 고향 소식을 아는가?

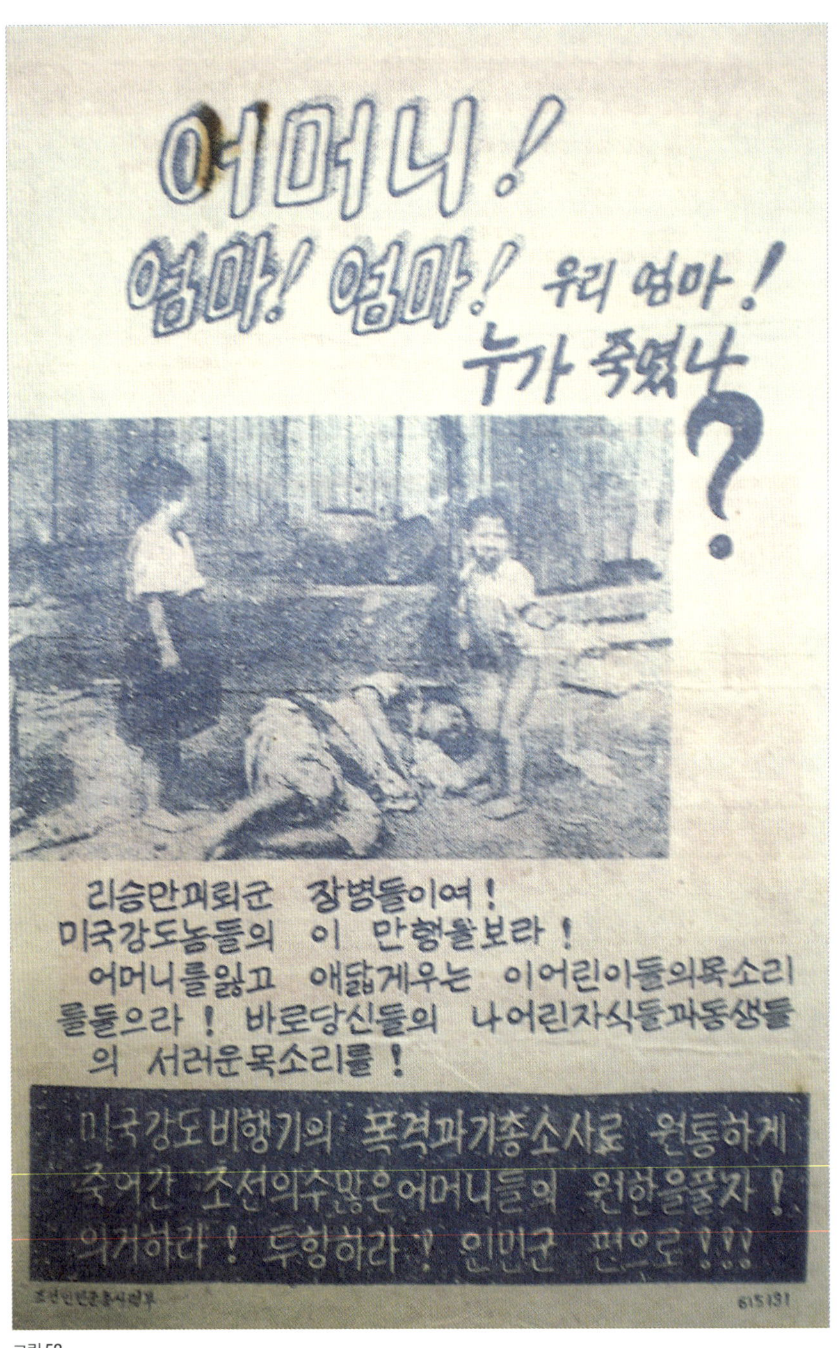
어머니!
엄마! 엄마! 우리 엄마!
누가 죽였나?
리승만괴뢰군 장병들이여!
미국강도놈들의 이 만행을보라!
어머니를잃고 애닯게우는 이어린이들의목소리
를들으라! 바로당신들의 나어린자식들과동생들
의 서러운목소리를!
미국강도비행기의 폭격과기총소사로 원통하게
죽어간 조선의수많은어머니들의 원한을풀자!
의거하라! 투항하라! 인민군 편으로!!!
615131
그림 52

리승만괴뢰군 장병들이여! 당신들은 고향소식 아는가?
당신들의 고향은 미국놈들의 폭격에 의하여 재떼미로 변하였으며 원쑤놈들은 당신들의 부모 형제
처자들을 소위 「원자탄」과 총검으로 위협하여 남으로 끌고 나가다가 이렇게 참 하고 있다
당신들은 당신들의 집이 재떼미로 변하고 부모 형제 처자들이 미국놈들과 그의 재비 리승만역
도들에게 참살을 당하여도 인민군대에 총뿌리를 겨누어야 되겠는가? 무엇때문에?
원쑤가 누구인지 똑똑히 보라!
당신들의 원쑤는 미국놈들과 그의 앞재비
리승만 매국도당들이다.
"복쑤"의 총검을
"원쑤"에게 돌리라!
①
②
516(2)

그림 53

당신들의 고향은 미국 놈들의 폭격에 의하여 재덧미로 변하였으며 원쑤 놈들은 당신들의 부모, 형제, 처자들을 소위 원자탄과 총검으로 위협하여 남으로 끌고 나가다가 이렇게 참살하고 있다. 당신들은 당신들의 집이 재때미로 변하고 부모, 형제, 처자들이 미국 놈들과 그의 앞재비 리승만 역도들에게 참살을 당해도 인민군대에 총부리를 겨누어야 되겠는가? 무엇 때문에?
원쑤가 누구인지 똑똑히 보라! 당신들의 원쑤는 미국 놈들과 그의 앞재비 리승만 매국 도당들이다. **(그림 53)**

전쟁 동안 민간인 학살은 제주도에서 백두산까지, 도시에서 산골 마을에 이르기까지 전국 방방곡곡에서 벌어졌어요. 남쪽 지역에서만 학살당한 민간인이 100만 명이 넘는다 하기도 하는데 아직까지도 학살당한 이가 얼마나 되는지 제대로 조사가 이루어지지 않았답니다. 이렇게 억울한 죽음을 당했는데도 남은 가족들은 '억울하다' 말하지 못했어요. '억울하다' 말하는 순간 '빨갱이'라는 멍에를 짊어지고 감시받으면서 살아야 하기 때문이죠.

다른 나라에서 일어난 전쟁에서도 민간인들이 학살당한 사례가 많습니다. 제2차 세계 대전도 그렇고 르완다나 콩고, 보스니아, 코소보, 요즘에는 시리아에서 학살이 벌어졌죠. 그런데 다른 나라에서는 대개 전쟁 뒤 민간인 학살과 관련해 사실을 밝히려는 조사가 이어집니다. 나치의 유대인 학살이 대표적 사례라고 할 수 있죠. 그러나 우리는 그렇지 못했습니다. 왜 그랬을까요?

전쟁 뒤 심화된 남북 대치 상태는 남북한 정권을 강화시키는 구실을 했습니다. 북한의 김일성은 전쟁 책임을 물어 남로당 계열을 비롯한 자신의 정치적 경쟁자를 숙청해 권력을 집중시켰어요. '반미 항전'은 김일성 체제를 강화하는 이데올로기였죠. 남한의 이승만 또한 반공 이데올로기를 무기로 정치적 반대 세력과 진보 세력을 탄압하고 국민의 기본권을 억압해 독재 체제를 강화했죠. 말하자면 상대에 대한 증오가 권력 유지의 수단이었던 셈입니다. 그러니 적과 싸웠던 내 편이 저지른 잘못은 잘못이 아니었죠. 오히려 적을 증오하고 맞서 싸우는 애국자였답니다. 그래서 아버지가, 어머니가, 동생이, 형이 학살당했어도 적으로 몰릴까 두려워 아무 말도 할 수가 없었어요.

4부

정의와 평화로 가는 길

01 닮은꼴 삐라 찾기

지금까지 삐라를 곁들여 가며 한국 전쟁이 어떻게 진행됐는지, 사람들은 어떤 일을 겪었는지 알아보았습니다. 그런데 삐라는 무엇일까요? 왜 삐라를 만들었을까요? 또 지금 왜 굳이 60년도 더 지난 낡은 종이 쪼가리 삐라를 꺼내 한국 전쟁을 살펴보았을까요?

삐라는 선전의 여러 수단 가운데 하나예요. 선전은 어떤 생각이나 사실을 다른 사람에게 알리는 과정으로 사람들을 자기편으로 끌어들이려는 행위잖아요. 그러니까 삐라는 어떤 주장을 다른 이에게 알리려는 목적으로 만든 인쇄된 종이 낱장이에요. 한국 전쟁 때는 미 극동군 사령부, 미 8군 사령부, 국방부 정훈국, 북한군, 중국군, 그리고 빨치산들까지 삐라를 만들어 뿌렸답니다. 전쟁 때 뿌려진 삐라의 목적은 분명하죠. 전선에 뿌려진 삐라는 적의 사기를 떨어뜨리거나, 자기편 병사들의 사기를 높이는 내용이겠죠. 자신들의 세계관, 이데올로기를 담기도 했어요. 그래서 삐라를 만들고 뿌리는 행위는 심리전의 한 가지입니다.

그렇다면 한국 전쟁 때의 삐라를 지금 다시 이야기하는 이유는 무엇일까요? 삐라에는 지금 우리 사회를 휘감고 있는 생각, 이데올로기들이 들어 있기 때문입니다. 어떤 생각들이냐고요? 이제부터 그 이야기를 하겠습니다. 읽으면서 그것이 지금 내가 품고 있는 생각은 아닌지, 어머니, 아버지, 할머니, 할아버지한테서 들은 이야기들은 아닌지, TV나 신문에 매일같이 나오는 말들은 아닌지 생각해 보세요.

백성들은 곤궁에 빠져 있는데
리승만 역도들은 환락에 취하고 있다. _ *앞면 글*

리승만 매국 역도들은 여러분에게 농지 개혁에 의하여 땅을 분배하야 모두가 다 잘살게 한다고 큰소리쳤다. 이 얼마나 듣기 좋은 약속인가. (…)
그러나 실제에 있어 리승만 역도들이 이 약속을 지킨 법은 없다.
보라! 오늘날 남조선에서는 리승만 도당이 무시무시한 세금을 백성들에게 빨아내며 먹을 것이 없어 허덕이는 사람에게서도 공출을 강요하고 있지 않는가. 이 모든 공출이야말로 괴뢰군의 무기와 식량과 의약품을 공급하기 위한 것이라면서 (…) 그러나 괴뢰군 장병들은 이것이 거짓말이라는 것을 잘 안다. 그들의 영양분 없는 음식과 무기 등의 부족은 이 사실을 명백히 증명하고 있다. 그러면 백성들이 굶주려 가며 바친 세금과 곡식은 다 어데로 간단 말인가?
이에 대한 명백한 대답은 이것이다. (…) 백성들은 굶주리고 있는데 리승만 역도들만 부정한 수단으로 잘 먹고 잘살고 있는 것이다.
리승만 역도들을 타도하라! 미국 침략자들을 몰아내라! _ *뒷면 글*

(그림 54)

그림 54

그림 55

한국 전쟁 동안 양쪽은 정말 많은 삐라를 뿌렸어요. 양쪽의 삐라 가운데 엇비슷한 구도와 문구를 가진 삐라도 있고, 단어 몇 개만을 빼고는 판박이에 가까운 닮은꼴 삐라도 여러 종류 있습니다. 〈그림 54〉와 〈그림 55〉 그리고 〈그림 56〉과 〈그림 57〉은 각각 북한군과 미군이 만들어 뿌린 삐라로 '공산당 관리'가 '이승만 역도'로, '김일성 괴뢰군 장병들'이 '이승만 괴뢰군 장병들'로, '토지 개혁'이 '농지 개혁'으로 바뀌

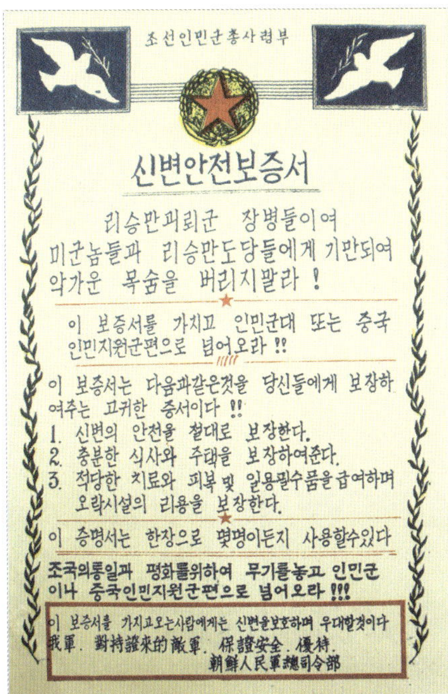

그림 56

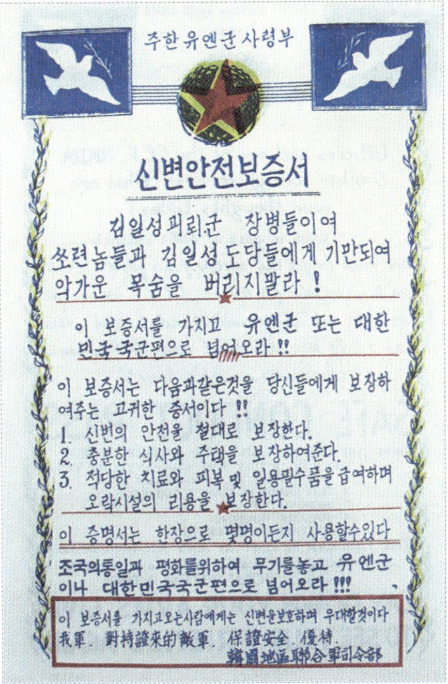

그림 57

었을 뿐 그림의 구도, 색깔 그리고 뒷면의 내용도 모두 같아요.

〈그림 54〉와 〈그림 55〉 오른쪽에는 죽 한 그릇을 놓고 온 가족이 둘러앉아 한숨을 쉬고 있습니다. 어두운 색의 배경을 보는 것만으로도 배고픈 고통이 느껴지네요. 그러나 그림 왼쪽에는 잘 차려입은 남자가 여성들의 시중을 받고 있는데 그이의 손에는 양주잔이 들려 있고 상 위에는 양주병과 음식이 가득 차려져 있어요. 오른쪽의 어두운 색조와 다르게 화려함을 강조하려는 듯 붉게 칠해져 있죠.

뒷면의 내용은 농지 개혁(또는 토지 개혁)을 실시했는데도 무거운 세금을 거둬들여 자기들만 잘 먹고 잘 입는다는 내용을 담고 있어요. 그

그림 58

리고 '병사들에게 무기, 식량, 약품을 공급하려 공출한 것들로 관리들만이 잘 먹고 잘 입는다'고 비난을 퍼붓고 있습니다.

〈그림 56〉은 원래 북한에서 미군과 한국군을 상대로 만든 안전 보장 증명서예요. 미군은 이를 〈그림 57〉처럼 유엔 안전 증명서로 바꾸어서 사용했습니다. 그 까닭은 북한군 병사들이 의심받지 않고 몸에 지닐 수 있었기 때문이죠.

> 공산 두목들이 여러분을 침략 전쟁에 몰아넣지 않었드면 통일된 자유 한국에서 여러분은 이와 같이 화평하게 살 수 있었을 것이다. **(그림 58)**

미군이 만들어 뿌린 〈그림 58〉 속에서 농사를 짓던 한 남자가 부인과 자식들이 가져온 새참을 먹으려 걸어 나오고 있고, 그 근처에서 일하고 있는 사람들은 모두 환하게 웃고 있어요. 그러나 삐라에는 '공산 두목들이 침략 전쟁에 몰아넣지 않았다면 화평했을 것'이라는 문구가 있습니다. 곧 그림 속 평화는 '공산군이 침략하지 않았다면' 가능했을 상황이며, 현실에는 없는 행복이지요.

북한이 만든 〈그림 59〉 또한 아이를 안은 여성과 논에서 모를 심는 남성의 모습이 그려져 있네요. 여성과 아이들 뒤로 펼쳐진 논은 모두 정사각형으로 잘 다듬어져 있고 왼쪽 앞은 형형색색의 꽃들로 채워져 있습니다. 모두 평화롭고 아름다운 농촌의 모습이죠. 이 삐라는 북한으로 넘어오는 군인들의 대우와 관련된 그림이에요. 곧 투항하면 이 그림처럼 생활할 수 있다는 뜻입니다.

그림 59

이 삐라들에는 주로 전쟁과 대비되는 평화와 행복의 판타지들이 실려 있어요. 현실에는 없는 것들이죠. 삐라는 이러한 판타지를 제공해 줄 수 있는 자와 파괴하는 자를 비교해 보여 줍니다.

한국 전쟁 때 뿌려진 많은 삐라들은 안전 보장, 항복, 좋은 대우를 주제로 했어요. 그리고 감정을 자극하려 향수, 그리움, 설렘, 병사들에게 닥친 곤경, 선물 따위를 소재로 삼았습니다. 이 삐라들은 상대편(적) 병사들의 싸우고자 하는 마음을 누그러뜨릴 뿐만 아니라 전장을 벗어나려는 행동, 곧 투항이나 탈영을 불러오려는 의도를 담고 있죠. 아래 〈그림 60〉과 〈그림 61〉의 삐라가 이런 의도를 잘 보여 줍니다.

젊은 여성의 사진이나 이미지를 그려 애틋한 사랑을 보여 줌으로써 병사들을 자극하려 합니다. 중국군을 상대로 한 삐라 〈그림 60〉은 대

그림 60

그림 61

만 출신 젊은 여성의 사진을 실어 병사들의 이성애를 자극하려 했지요. 치파오를 입은 삐라 속 젊은 여성이 엷은 미소를 띤 채 정면을 응시하고 있죠. 앞면에는 "아내와 아들 없이 병사들의 생활은 완성될 수 없다"라는 문구가 있어요. 미군을 상대로 뿌려진 삐라 〈그림 61〉은 병사들과 크리스마스를 함께 보내고 싶은 연인의 모습을 크게 확대해 보여줍니다. 금발의 연인이 크리스마스 때까지 돌아오라고 하네요. 잠시 동안이나마 젊은 병사들의 마음이 흔들리겠지요. 이 삐라들이 젊은 병사들에게 어떤 효과가 있었는지는 알 수 없지만 그리움이나 사랑의 감정은 예나 지금이나 심리전의 소재임이 틀림없어요.

전쟁을 치르는 양쪽은 문구만 바꿔 서로를 비방하거나, 평화로운 판타지를 이용했어요. 이는 양쪽이 삐라로 얻고자 하는 바가 같았기 때문입니다. 곧 상대의 사기를 떨어뜨리고, 전장에서 벗어나고픈 병사들의 심정을 자극하거나 이데올로기를 상대에게 심어 주는 것이 목표였죠.

02
삐라에 등장하는 괴물

삐라 속 이미지는 전쟁 뒤에도 한국 사회를 지배했어요. 이는 북한도 다르지 않습니다. 상대방을 '꼭두각시' 또는 '앞잡이'로 부르거나 늑대나 개로 그리는 방식은 전쟁이 끝나고도 계속되었습니다. 이런 이미지들은 전후 세대들에게 상대방에 대한 증오와 두려움을 키우는 데 커다란 역할을 했지요.

1) 죽음의 사자 스탈린과 꼭두각시 김일성

미군의 삐라에서 소련은 '공산 제국주의', '러시아 제국주의'로 불리며 미국을 비롯한 서구 사회와 대비되는 '미개하고 무지한 야만의 종족'이자 '적색 파시스트'로 묘사됐어요.

제2차 세계 대전 뒤 '제국주의'나 '파시스트'라는 이름은 적을 규정하는 가장 좋은 방법이었습니다. 왜냐하면 세계 전쟁이 파시스트로 불리는 집단과의 싸움이었고 그에 따른 고통을 사람들이 잘 알고 있었기 때문이었죠. 한반도의 대중들은 '파시스트'나 '제국주의'와 함께 '군국

그림 62

주의'란 말에 익숙했고 몸서리쳤지만 '군국주의 소련' 또는 '군국주의 러시아' 로 부르진 않았죠. 그 까닭은 '군국주의'라 부르면 한반도의 대중은 자동적으로 일본을 떠올렸기 때문입니다. 이에 미군은 '군국주의'란 표현을 쓰지 말라는 주의까지 내렸어요.

'제국주의'나 '파시스트'로 부르려면 소련이 벌인 '착취'나 '억압' 따위를 구체적으로 나열해야 합니다. 그러나 '소련의 만행'을 증명하기는 어려웠습니다. 그래서 미군은 이미지와 상징으로 사실을 대체했죠. 무엇보다 국기를 떠올리게 하는 상징이 되풀이되어 이용됐어요.

유엔기에는 "유엔-평화와 자유의 방어자", 소련 국기의 상징인 '망치와 낫'에는 "노예와 죽음의 상징"이라는 표현을 썼어요. 이처럼 국기를 단순한 상징으로 표현한 작은 삐라들이 쉼 없이 뿌려졌죠. 망치와

낫은 미군이 만든 거의 모든 삐라에 가장 빈번하게 등장했고, 소련을 가리켰습니다.[18]

〈그림 62〉의 삐라는 앞면에 스탈린의 그림을 넣고 뒷면에는 '살해자의 상징과 배반자의 얼굴'을 기억하라는 문구가 있어요. 삐라의 앞면은 온통 붉은 바탕에 스탈린의 얼굴과 망치와 낫을 그려 넣었죠.

> 자신을 봐라! 10월과 11월 공격에서 많은 동료들이 쓸모없이 죽었다.
>
> 왜?
>
> 스탈린과 러시아 공산주의자가 너희에게 전쟁을 강요했기 때문이다. 그들이 죽은 중국 군인을 돌보지 않기 때문이다. 스탈린과 러시아 공산주의자들은 중국과 북한을 더 큰 힘으로 제압할 뿐이다.
>
> 용감한 중국 병사들! 너희는 배신당했다. 중국인은 한국 땅에서 러시아의 압력 때문에 싸운다. _ *뒷면 글* **(그림 62)**

스탈린은 실물 사진처럼 세밀하게 그려지기도 했지만 트레이드 마크인 콧수염과 짙은 눈썹으로 표현됐어요. 나치의 하켄크로이츠와 히틀러 초상이 짝을 이루듯 망치와 낫 그리고 스탈린의 초상은 언제나 함께 등장했죠. 삐라 속 스탈린의 얼굴이 그를 닮지 않아도 상관없었습니다. 낫과 망치가 있고 콧수염만 있으면 소련과 스탈린이었답니다.

---

18 소련의 국기는 붉은 바탕으로 한쪽 구석에 낫과 망치를 금색으로 그린 위에 별 다섯 개를 그렸습니다. 낫은 농민, 망치는 노동자, 붉은 바탕은 '공산당의 지도 아래 사회주의와 공산주의의 건설을 지향하는 소련 인민의 영웅적 투쟁'을 뜻했습니다.

그림 63

그림 64

죽음의 사자로 표현된 〈그림 63〉은 소련의 대표적 이미지예요. 얼굴은 해골이며 오른손에는 낫을 들고 왼손에는 망치를 든 죽음의 사자가 중국군을 무참하게 살육하는 그림입니다. 이 삐라는 미군이 중국군에게 뿌린 것으로 중국군은 소련을 대신해 싸우고 있음을 말하고 있어요. 미군은 이런 삐라로 중국군 안에 소련을 반대하는 분위기를 만들려 했죠. 이 그림은 루디 펠트Rudi Feld[19]가 1919년 제작한 '볼셰비즘의 위

19 루디 펠트는 1897년 독일에서 태어났으며 1937년 미국으로 건너와 미술 감독, 프로덕션 디자이너로 활동했습니다. 1919년 그가 그린 '볼셰비즘의 위험'은 1917년 러시아 혁명 뒤 독일 사회에 번졌던 반공주의에 영향을 주었습니다. 이때 히틀러는 반공주의를 반유대인주의와 결합시켰어요. 특정한 이념을 인종 차별과 연결한 대표적 사례라 할 수 있지요.

험'이라는 포스터(그림 64)[20]와 비슷하죠. 스탈린과 소련에는 이처럼 죽음, 황천, 마왕 따위의 표현들이 따라붙었어요.

〈그림 65〉인 얼굴 없는 김일성을 묘사한 삐라는 '가짜 김일성'의 이미지를 표현하고 있습니다. 마오쩌둥과 스탈린을 위해 살아가는 김일성은 자기 얼굴을 잃어버린 존재라는 뜻이죠.

"아! 내 상판이 어디루 갔나?"
"우리들은 평화를 갈망합니다." "그러나 공산당은 한국에서 권세를 잡기 위해서 전쟁을 하여야 한다." _ *앞면 글*

김일성이라고 자칭하는 자는 여러 가지로 한국 사람을 속여 왔고 그중에도 제일 고약한 것은 이자가 한국의 위대한 한 영웅인 김일성으로 거짓 행사한 것이다. 이자는 절대로 김일성이 아니다. 진정한 김일성은 1885년에 나서 15년 전에 만주에서 돌아간 분이다.
이 가짜 김일성은 1910년까지는 나지도 않았다. 이자의 정말 이름은 김성주다. 공산주의자로 1945년에 쏘련서 한국으로 보낸 자다. 이자는 김일성이라고 행세하면서 사람들의 신망을 얻으려고 했다. 얼마 동안은 성공했으나 지금은 누구나 이자에 대한 사실을 알게 되었다. 진정한 김일성은 한국의 적과 싸운 위대한 군사적 지도자였다. 이 김성주는 한국 사람으로 하여금 동포끼리 죽이게 만들었다. 이자는 권세욕과 무능으로 말

---

20 Steven Luckert and Susan Bachrach, *State of Deception, The Power of Nazi Propaganda*, United State Holocaust Memorial Museum, P.30

그림 65

미아마 한국을 황폐하게 만들었다. 이자는 모든 진정한 한국 사람의 적이다. _ *뒷면 글*

(그림 65)

전쟁 전부터 김일성을 가리키는 대표적 이미지는 '꼭두각시'와 '가짜'였어요. 꼭두각시는 남의 조종대로 움직이는 사람의 비유로 '괴뢰傀儡', '앞재비', '허수아비'로 불리기도 합니다. 꼭두각시 이미지는 전쟁 전부터 사용됐고 전쟁 동안 완전히 굳어졌어요. 미 극동군 사령부는 '꼭두각시 김일성' 이미지를 적극적으로 이용했지요.

그림 66

가짜 김일성이라는 이미지 또한 전쟁 전부터 사용됐어요. 그런데 미국의 존스홉킨스 대학교 작전 연구소에서 "'가짜'라는 의심을 가져오는 삐라는 북한 민간인에게 분노를 가져오지 않는다"고 비판했습니다. 작전 연구소는 "비이데올로기 문제로 김일성에 대한 반대를 가져와야 한다"고 지적했지요. 곧 굶주림, 죽음, 강제 노동 같은 현실의 문제로 비판하라는 뜻이죠. 이러한 지적은 어느 정도 받아들여졌어요. 그 대표적인 예가 〈그림 66〉의 김일성의 죄악사를 정리해 놓은 삐라들입니다.

김일성 죄악사

1. 수십만 청년을 싸움으로 내몰아 죽이고 있다.

2. 중공을 끌어들여 동족을 죽이고 있다.

3. 애국 동포의 재산을 약탈하여 사리사욕을 채웠다.

4. 많은 애국 동포를 학살했다.

5. 현물세로 농민의 피땀을 착취하고 있다.

6. 강제 로동으로 800만 북한 동포를 울리고 있다.

7. 많은 동지를 피의 숙청으로 죽였다.

8. 생산 기계와 중요 물자를 쏘련으로 실어가고 있다. **(그림 66)**

또 "김일성의 죄과는 히틀러보다 수배나 더한 것으로 지금껏 유례가 없을 것"이라고도 했어요. 죽음의 상징인 김일성은 곧잘 병사들의 죽음, 해골 탑으로 상징되기도 했죠. '가짜'라고 말하지 않고 '김일성'의 존재와 그 행적이 개인의 분노를 일으키도록 해야 한다는 충고에 따라 가족을 파괴하고 강제 노동으로 혹독한 생활을 하게 하며 금수강산을 잿더미와 해골로 뒤덮고 민족을 파멸로 이끈 장본인이 김일성이라고 말한 것입니다.

2) 장사꾼 미제와 그 앞잡이 이승만

미군은 소련을 '공산 제국주의', '러시아 제국주의'로 부르면서도 언제나 조심스러웠죠. 혹여 제국주의라는 말이 일본 제국주의를 떠올려 한

1919.3.1
33년전 우리들의선조들은 조국의독립과 자유를위하여 일본제국주의
침략자를반대하는투쟁에서 피로써 싸우지않았던가!
206209
MISG/FE 205474

해방된 우리조국에침입한 미제국주
의자들은 33년전의왜놈들보다 더 수
많은우리동포들을학살하고 조국의강
산을 재더미로만들고있지않는가!
US
만일 그대의가슴속에 일본제국주의침략자를 반대하는 투쟁에서흘린 선조들의 고귀한
피가 한방울이라도 흐르거든 같은동포인 인민군대와싸우지말고. 미제국주의 침략자를
반대하여나서라!!!
(이삐라는 인민군편으로 넘어오는 신변안전보증서로된다!)
MISG/FE DOC NO 205474

그림 67, 67-1

국인의 민족 감정을 불러일으키면 곤란했기 때문입니다. 반면 북한은 일본 제국주의가 연상되도록 미국을 미 제국주의로 부르는 데 적극적이었어요. 북한에서 만든 〈그림 67, 67-1〉의 삐라는 이 같은 북한의 의도를 잘 드러냅니다. 한 면은 조선 독립을 외쳤던 3·1 운동의 모습과 그 시위 행렬을 무참히 학살하는 일본군의 모습을, 다른 면에는 비슷한 구도로 일본군 대신 미군을 그렸네요.

> 33년 전 우리들의 선조들은 조국의 독립과 자유를 위하여 일본 제국주의 침략자를 반대하는 투쟁에서 피로써 싸우지 않았던가!
> 해방된 우리 조국에 침입한 미 제국주의자들은 33년 전의 왜놈들보다 더 수많은 우리 동포들을 학살하고 조국의 강산을 재데미로 만들고 있지 않은가? 만일 그대의 가슴 속에 일본 제국주의 침략자를 반대하는 투쟁에서 흘린 선조들의 고귀한 피가 한 방울이라도 흐르거든 같은 동포인 인민군대와 싸우지 말고 미 제국주의 침략자를 반대하여 나서라!!! **(그림 67, 67-1)**

제국주의라는 용어와 함께 자주 쓰인 말은 장사꾼이었어요. 미군이 소련의 상징을 낫과 망치로 했듯이 북한은 미국의 상징을 달러로 표시했습니다. 〈그림 68〉처럼 전쟁 장사꾼 때문에 한국군의 목숨만 아깝게 희생된다고 말하곤 했죠. 달러는 미국을 상징하거나 미국의 '앞재비'를 가리킬 때도 어김없이 등장했어요.

북한은 아래 삐라에서처럼 미국은 '왜놈'을 끌어들인 장본인이고 이승만은 그 '사냥개' 노릇을 하는 존재로 그렸죠.

그림 68

친애하는 남반부 동포들이여

(…) 조선을 집어생키기 위하여 자기의 사냥개 리승만 매국노를 이용하여 전쟁을 이르킨 미제 놈들은 '조선에서 조선 사람이 조선 사람을 죽이는 전쟁을 하면 할수록 자기 침략 계획에 유리하다'고 생각하고 있기 때문에 정전 담판을 파탄시킬려고 음모하고 있다.

〈그림 69〉는 유엔군 총사령관 클라크를 38선으로 안내하는 이승만의 모습입니다. 얼굴은 이승만이지만 몸은 성조기를 입은 개로 표현했죠. 〈그림 70〉은 중국이 만든 삐라로 북한군과 중국군이 성조기를 입

1952. 6. 25
米帝의 침략 기도는 이렇게 파탄되었다!
클라크
맥아더 작전
공중우세
三八선
세균전
릿지웨이 작전
이 삐라는 인민군 편으로 넘어오는 신변안전보증서로도 된다 60412

그림 69

抗美援朝 保家衛國
要保家衛國，必須抗美援朝。

그림 70

은 개를 몰아내는 장면을 연출하네요. 그 뒤편에는 중국의 참전 명분인 '항미원조 보가위국抗美援朝 保家衛國'이라는 플래카드를 들고 오는 사람들의 모습을 그렸어요. 이처럼 북한과 중국도 미국이나 이승만을 개로 비유했는데 이는 해방 공간에서 검은 제복을 입은 경찰을 검정 개, 누런 군복을 입은 군인을 누렁개로 불렀던 것과 비슷합니다.

03 냉전의 세계관

제2차 세계 대전 동안 미국과 소련은 같은 편이었어요. 이들 국가들은 스스로를 연합국이라 불렀죠. 독일, 일본, 이탈리아와 맞서 함께 싸운 나라들이라는 뜻이에요. 그런데 세계 대전 뒤 자본주의 진영인 미국과 사회주의 진영인 소련은 서로 싸우는 적대국이 됐어요. 그리고 한국 전쟁은 미국과 소련을 중심으로 하는 세계 냉전 체제가 굳어지는 계기였죠. 두 진영은 상대를 비방하고 언제 있을지 모를 전쟁에 대비해 핵무기를 비롯한 무기를 생산해 냈어요. 이를 냉전冷戰, cold war이라 부릅니다. 냉전은 단순히 군비 경쟁만 벌이지 않았어요. 상대를 비방하고 위신을 깎아내리고 온갖 수단을 동원해 자기만 진리라고 선전했죠. 그렇다면 한국 전쟁 때 뿌려진 삐라에서는 냉전이 어떻게 드러나는지 알아볼까요.

1) 세계는 자유 세계와 노예 세계로 나뉜다

노예와 죽음을 표시하는 표식! 이 표식을 기억하라! _ *앞면 글*

그림 71

그림 72

이래서 노예다!

1. 그대들은 끊임없이 감시를 받고 있다. 그러니 노예가 아니냐!

2. 그대들은 사상의 자유가 없다. 그러니 노예가 아니냐!

3. 그대들은 맘 놓고 누구하고 이야길 못 한다. 그러니 노예가 아니냐!

4. 그대들은 불평이 있어도 입 밖에 낼 수가 없다. 그러니 노예가 아니냐!

5. 그대들은 강제로 자기비판을 당하고 있다. 그러니 노예가 아니냐!

이래서 죽는다!

1. 유엔군 탄알 수효보다도 더 많은 인민이 우리나라에 있노라고 공산당은 큰소리를 친다. 그러니 다 죽일 작정이 아니냐!

2. 선발대가 전멸을 당하면 그 찌꺼기 무기를 가지고 후방 부대를 무장시켜 공산당은 이용해 먹고 있다. 그러니 다 죽일 작정이 아니냐!

3. 남한에 있는 유엔군은 쏘련과 중공이 제아무리 애를 써도 정복할 수는 없다. 그러니 다 죽일 작정이 아니냐!

우리 사회의
'어린이 × 청소년' 철수와 영희, 그리고
'어른' 철수와 영희를 위한

철수와영희 도서목록

멸종 동물 소원 카드 배달 왔어요
사라졌거나 사라질 우리나라 동물의 생활사

왜 우리는 차별과 혐오에 지배당하는가?
차별과 혐오를 넘어서기 위해 우리가 해야 할 일

니체 읽기의 혁명
비루한 삶도 고귀한 삶도 부활한다

철수와영희 전화 02-332-0815 팩스 02-6003-1958 도서목록 발행일 2025년 1월 1일

길담서원 청소년 인문학교실

나는 무슨 일 하며 살아야 할까?
이철수, 박현희, 송승훈, 배경내, 하종강 글

나에게 돈이란 무엇일까?
이시백, 제윤경, 박성준, 박권일, 강신주, 송승훈강 글

나는 어떤 집에 살아야 행복할까?
고제순, 서윤영, 노은주, 이재성, 조광제, 손낙구 글

나에게 품이란 무엇일까?
윤구병, 이현주, 이남희, 이계삼, 유창복, 박성준강 글

나는 어떤 삶을 살아야 할까?
홍세화, 이계삼, 조광제, 안철환, 박영희, 노을이, 정숙영 글

철수와영희 생각의 근육 시리즈

시리즈로 배우는 인문 · 사회 · 역사 과학 교양

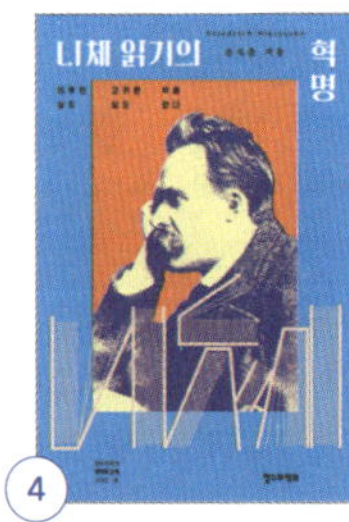

4

니체 읽기의 혁명
비루한 삶도
고귀한 삶도
부활한다
손석춘 글
296쪽 | 20,000원

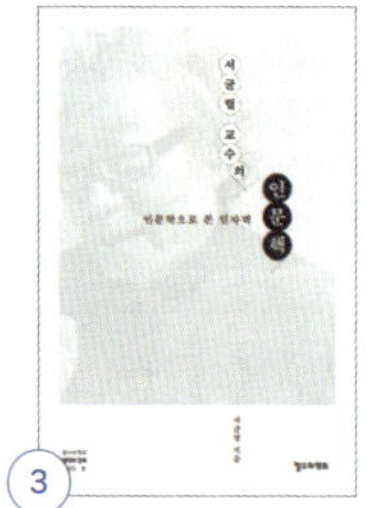

학교도서관사서협의회 추천도서

3

서균렬 교수의 인문핵
인문학으로 본
원자핵
서균렬 글
272쪽 | 18,000원

학교도서관사서협의회 추천도서

2

손석춘 교수의 민주주의 특강
보수와 진보
공동의 정치 철학
손석춘 글
256쪽 | 18,000원

학교도서관사서협의회 추천도서

1

일제에 맞선 페미니스트
억압과 멸시,
굴종에서 벗어나
해방을 꿈꾼 여성들
이임하 글
296쪽 | 20,000원

철수와영희 생각의 근육 시리즈는 계속 출간됩니다.

최종규가 들려주는

우리말 이야기

세종도서 문학나눔 선정도서

숲에서 살려낸 우리말

최종규 글 | 강우근 그림 | 숲노래 기획

216쪽 | 15,000원

세종도서 문학나눔 선정도서

마을에서 살려낸 우리말

최종규 글 | 강우근 그림 | 숲노래 기획

204쪽 | 13,000원

아침독서 추천도서

10대와 통하는
우리말 바로쓰기

최종규 글 | 호연 그림

272쪽 | 3,000원

아침독서 추천도서

10대와 통하는
새롭게 살려낸 우리말

최종규 글 | 강우근 그림

284쪽 | 14,000원

학교도서관사서협의회 추천도서

쉬운 말이 평화

최종규 글248쪽 | 14,000원

글을 분명하게 쓰고 싶다면

서울서점인이 뽑은 올해의 책

새로 쓰는 비슷한말
꾸러미 사전

비슷한말, 1100가지를 꾸러미로
엮어 새로 쓴 한국말사전

최종규 글 | 496쪽 | 25,000원

글을 간결하게 쓰고 싶다면

아침독서 추천도서

새로 쓰는 겹말
꾸러미 사전

잘못 쓰는 겹말,
1004가지 꾸러미에 묶어
새로 쓴 한국말사전

최종규 글 | 764쪽 | 33,000원

글을 슬기롭게 쓰고 싶다면

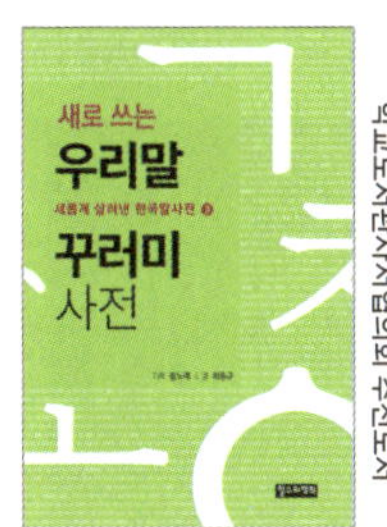

학교도서관사서협의회 추천도서

새로 쓰는 우리말
꾸러미 사전

새로 가다듬은 804 낱말과
새로 엮은 1200 낱말 뜻풀이가
담긴 우리말 배움 사전

최종규 글 | 328쪽 | 20,000원

10대를 위한 책도둑 시리즈

평화와 인권의 징검다리

학교도서관사서협의회 추천도

45

10대와 통하는
생활 속 법률 문해력
법률 문해력과 법 공부의 맛
서창효, 서치원, 유승희, 조영신,
최정규 글 | 256쪽 | 17,000원

아침독서 추천도서

44

10대와 통하는
영화 이야기
상상이 현실이 되는
교과서 밖 영화 세상기
이지현 글 | 244쪽 | 15,000원

한국학교사서협회 추천도서

43

10대와 통하는
야외 생물학자 이야기
열 가지 분야로 살펴본
야외 생물학자 도감
김성현 외 9인 글 | 264쪽18,000원

아침독서 추천도서

42

10대와 통하는
건축과 인권 이야기
건축으로 살펴본 프라이버시권,
거주권, 생활권, 도시권
서윤영 글 | 208쪽 | 14,000원

학교도서관저널 추천도서

41

10대와 통하는
세계사 이야기
미디어 혁명을 중심으로
살펴본 세계의 역사
손석춘 글 | 300쪽 | 16,000원

환경정의 청소년 환경책 권장도서

40

10대와 통하는
채식 이야기
세상을 바꾸는 밥상
이유미 글 | 212쪽 | 14,000원

세종도서 교양부문 선정도서

39

10대와 통하는
기후 정의 이야기
정의롭게 극복하는
기후 위기 이야기
권희중, 신승철 글 | 204쪽 | 13,000원

학교도서관사서협의회 추천도서

38

10대와 통하는
법과 재판 이야기
정의로운 세상을
만들기 위한 법 이야기
이지현 글 | 204쪽 | 13,000원

어린이도서연구회 추천도서

37

10대와 통하는
철학 이야기
생각의 근육을 키우는
청소년을 위한 철학 이야기
손석춘 글 | 264쪽 | 14,000원

10대를 위한 책도둑 시리즈는 계속 출간됩니다.

01	10대와 통하는 정치학	청소년이 알아야 할 정치와 민주주의
02	10대와 통하는 불교	청소년이 처음 만나는 싯다르타
03	10대와 통하는 한국사	국민이 주인 되는 우리 역사 이야기
04	10대와 통하는 땅과 집 이야기	인권으로 바라본 부동산 민주주의
05	10대와 통하는 우리말 바로쓰기	최종규 선생님이 들려주는 생각과 삶을 바르게 가꾸는 우리말 이야기
06	10대와 통하는 윤리학	함규진 선생님이 들려주는 윤리와 도덕 이야기
07	10대와 통하는 미디어	손석춘 선생님이 들려주는 나를 찾는 미디어 여행
08	10대와 통하는 성과 사랑	건강한 성과 행복한 사랑 이야기
09	10대와 통하는 노동 인권 이야기	차남호 선생님이 들려주는 노동과 세계
10	10대와 통하는 한국 전쟁 이야기	청소년의 눈높이에서 바라본 한국 전쟁 이야기
11	10대와 통하는 기독교	청소년과 예수의 커뮤니케이션
12	10대와 통하는 탈핵 이야기	청소년에게 들려주는 평화와 환경을 위한 '탈핵' 이야기
13	10대와 통하는 요리 인류사	혀로 배우는 인간과 생명의 역사
14	10대와 통하는 사찰 벽화 이야기	눈으로 보고 마음으로 읽는 16가지 불교 철학
15	10대와 통하는 독립운동가 이야기	독립운동가 19인의 생애를 통해 바라본 독립운동의 정신과 역사
16	10대와 통하는 청소년 인권 학교	인권 공부에서 시작하는 꿈을 펼칠 수 있는 세상
17	10대와 통하는 문화로 읽는 한국 현대사	밀가루, 라면, 보릿고개, 미니스커트 등에서 배우는 현대사 이야기
18	10대와 통하는 민주화운동가 이야기	민주화운동가 20인의 생애를 통해 바라본 한국 현대사 이야기
19	10대와 통하는 새롭게 살려낸 우리말	서양 말투, 번역 말투, 일본 말투에 물들지 않은 우리말 이야기
20	10대와 통하는 환경과 생태 이야기	생태적 관점에서 바라본 환경 이야기
21	10대와 통하는 옛이야기	60편의 신화, 전설, 민담으로 살펴보는 우리 옛이야기
22	10대와 통하는 일하는 청소년의 권리 이야기	청소년을 위해 한 권으로 정리한 '노동인권' 실무 가이드
23	10대와 통하는 사회 이야기	청소년들이 꼭 알아야 할 사회에 대한 이야기
24	10대와 통하는 말하기와 토론	좋은 대화, 효과적인 토론, 설득력 있는 연설, 신뢰를 주는 강연을 위해
25	10대와 통하는 농사 이야기	생태적 삶을 일구는 도시 농업과 건강한 먹을거리
26	10대와 통하는 동물 권리 이야기	동물도 행복하게 살 권리가 있다
27	10대와 통하는 선거로 읽는 한국 현대사	역대 대통령 선거를 통해 바라본 현대사 이야기
28	10대와 통하는 심리학 이야기	행복한 삶을 살아가는 데 있어 꼭 필요한 학문, 심리학
29	10대와 통하는 과학 이야기	내 삶의 뿌리를 찾는, 인문학적 관점에서 풀어낸 재미있는 과학 이야기
30	10대와 통하는 음식 이야기	세상을 행복하게 만드는 '정의로운 밥상' 이야기
31	10대와 통하는 자본주의 이야기	우리가 살고 있는 자본주의 바로 알기
32	10대와 통하는 스포츠 이야기	스포츠의 '주인'이 되기 위해 꼭 알아야 할 스포츠 이야기
33	10대와 통하는 건축으로 살펴본 한국 현대사	열 가지 건축 이야기로 살펴본 한국 현대사 이야기
34	10대와 통하는 평화통일 이야기	'평화로운 한반도'를 위한 평화통일 이야기
35	10대와 통하는 생물학 이야기	물음에 답하고, 먹을거리로 논하고, 도구로 말하는 현대 생물학 특강
36	10대와 통하는 건강 이야기	모든 사람이 평등하게 누려야 할 권리 '건강' 이야기
37	10대와 통하는 철학 이야기	생각의 근육을 키우는 청소년을 위한 열 가지 철학 이야기
38	10대와 통하는 법과 재판 이야기	정의로운 세상을 만들기 위한 법 이야기
39	10대와 통하는 기후 정의 이야기	정의롭게 극복하는 기후 위기 이야기
40	10대와 통하는 채식 이야기	세상을 바꾸는 밥상, 채식 이야기
41	10대와 통하는 세계사 이야기	미디어 혁명을 중심으로 살펴본 세계의 역사
42	10대와 통하는 건축과 인권 이야기	건축으로 살펴본 프라이버시권, 거주권, 도시권 이야기
43	10대와 통하는 야외 생물학자 이야기	열 가지 분야로 살펴본 야외 생물학자 도감
44	10대와 통하는 영화 이야기	상상이 현실이 되는 교과서 밖 영화 세상
45	10대와 통하는 생활 속 법률 문해력	법조문과 판례를 통한 법률 문해력과 법 공부의 맛

철수와영희 생명수업 첫걸음 시리즈

3

김성현이 들려주는
참 쉬운 새 이야기
300여 컷의 사진으로
배우는 새들의 생태
김성현 글·사진
156쪽 | 18,000원
과학정보통신부인증 우수과학도서
어린이도서연구회 추천도서

2

조영권이 들려주는
참 쉬운 곤충 이야기
220여 컷의 사진으로
배우는 곤충의 생태
조영권 글·사진
160쪽 | 18,000원
세종도서 교양부문 선정도서
학교도서관저널 추천도서

1

파브르에게 배우는
식물 이야기
어린이 눈높이에 맞추어
다시 쓴 파브르 식물기
노정임 글 | 안경자 그림
이정모 감수·추천
156쪽 | 18,000원
미래창조과학부 우수과학도서
어린이도서연구회 추천도서

철수와영희 어린이 교양 시리즈

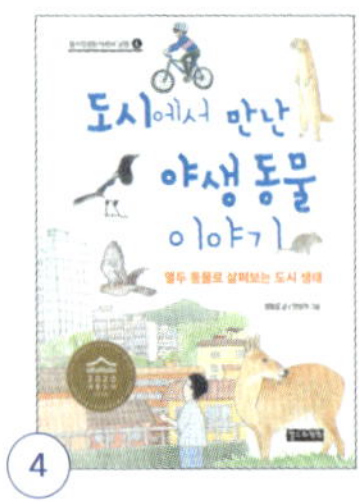

4

도시에서 만난
야생 동물 이야기
열두 동물로 살펴보는
도시 생태 이야기
정병길 글 | 안경자 그림
152쪽 | 13,000원
세종도서 교양부문 선정도서
아침독서 추천도서

3

선인장은 어떻게
식물원에 왔을까?
도시공원에서 만나는
생태 이야기
정병길 글 | 안경자 그림
172쪽 | 13,000원
과학정보통신부인증 우수과학도서
학교도서관사서협의회 추천도서

2

야생 동물은
왜 사라졌을까?
우리나라 멸종 동물
22종 이야기
이주희 글 | 강병호 그림
164쪽 | 13,000원
환경부 우수환경도서
어린이도서연구회 추천도서

1

동물과 식물 이름에
이런 뜻이?!
어원과 생태를 함께 보는
동식물 이야기
이주희, 노정임 글 | 안경자 그림
200쪽 | 13,000원
아침독서 추천도서
학교도서관사서협의회 추천도서

철수와영희 그림책 시리즈

어린이가 처음 만나는 생태와 환경

11 학교도서관저널 추천도서

멸종 동물 소원 카드 배달 왔어요
우리나라 멸종 위기 동물들의 생활사
윤은미 글 | 김진혁 그림
52쪽 | 16,000원

10 아침독서 추천도서

내가 담그는 뚝딱 고추장
어린이도 쉽게 담글 수 있는 전통 양념 고추장
고은정 글 | 안경자 그림
40쪽 | 13,000원

9 세종도서 교양부문 선정도서

내가 끓이는 생일 미역국
고은정 선생님에게 배우는 어린이 생활 요리
고은정 글 | 안경자 그림
40쪽 | 13,000원

8 세종도서 교양부문 선정도서

우리 학교 장독대
학교에서 쉽게 담그는 간장과 된장
고은정 글 | 안경자 그림
44쪽 | 12,000원

7 어린이도서연구회 추천도서

밀양 큰할매
어린이를 위한 인권 이야기
김규정 글·그림
44쪽 | 12,000원

6 아침독서 추천도서

무지개 욕심 괴물
어린이를 위한 탈핵 이야기
김규정 글·그림
60쪽 | 12,000원

5 환경정의 어린이 환경책 권장도서

우리 학교 텃밭
초등학교에서 많이 심는 채소 9종과 곡식 3종 가꾸기
노정임 글 | 안경자 그림
64쪽 | 13,000원

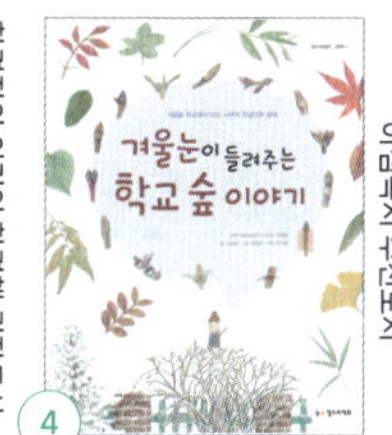

4 아침독서 추천도서

겨울눈이 들려주는 학교 숲 이야기
겨울철 학교에서 만난 나무의 한살이와 생태
노정임 글 | 안경자 그림
64쪽 | 15,000원

3 환경정의 어린이 환경책 권장도서

무당벌레가 들려주는 텃밭 이야기
가을에 거두는 열 가지 텃밭 작물의 한살이와 생태
노정임 글 | 안경자 그림
48쪽 | 12,000원

2 환경부 우수환경도서

소금쟁이가 들려주는 물속 생물 이야기
여름철 둠벙에서 만난 곤충과 물풀 들의 한살이와 생태
노정임 글 | 안경자 그림
44쪽 | 12,000원

1 문화체육관광부 우수교양도서

애벌레가 들려주는 나비 이야기
봄에 만난 아홉 마리 나비의 한살이와 생태
노정임 글 | 안경자 그림
48쪽 | 12,000원

철수와영희 그림책 시리즈는 계속 출간됩니다.

미래 세대를 위한 상상력 시리즈

환경 · 생태 · 기후 · 과학 이야기

학교도서관저널 추천도서

10

미래 세대를 위한
건축과 기후 위기 이야기
건축과 도시로 살펴보는
기후 위기 이야기
서윤영 글 | 152쪽 | 15,000원

학교도서관저널 추천도서

9

미래 세대를 위한
동물권 이야기
열다섯 가지 주제로
살펴본 동물 권리
이유미 글 | 140쪽 | 15,000원

학교도서관사서협의회 추천도서

8

미래 세대를 위한
지구를 살리는 급식 이야기
우리 몸과 지구를 살리는
학교 급식 이야기
민은기, 배성호 글
132쪽 | 15,000원

학교도서관저널 추천도서

7

미래 세대를 위한
우주 시대 이야기
우주를 아는 만큼
삶이 달라진다
손석춘 글 | 200쪽 | 15,000원

어린이도서연구회 추천도서

6

미래 세대를 위한
녹색 특강
아홉 가지 주제를 통해
살펴본 녹색 미래
박병상 글 | 160쪽 | 15,000원

아침독서 추천도서

5

미래 세대를 위한
인공지능 이야기
인권과 민주주의를 중심으로
살펴본 인공지능 이야기
배성호, 정한결 글 | 방승조 그림
160쪽 | 15000원

학교도서관사서협의회 추천도서

4

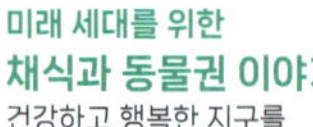
미래 세대를 위한
채식과 동물권 이야기
건강하고 행복한 지구를
만들기 위한 실천
이유미 글 | 160쪽 | 15,000원

인디고서원 추천도서

3

미래 세대를 위한
기후 위기를 이겨 내는 상상력
지구 생태계를 살리기 위한
상상력 이야기
안치용 글 | 180쪽 | 15,000원

한국학교사서협회 추천도서

2

미래 세대를 위한
우리 새 이야기
170여 종의 새들과 300여 장의
사진으로 배우는 새 이야기
김성현 글 | 188쪽 | 18,000원

학교도서관사서협의회 추천도서

1

미래 세대를 위한
키워드 기후 위기 이야기
30가지 키워드로 살펴본
기후 위기 이야기
이상수 글 | 180쪽 | 15,000원

청소년출판 공동기획 너는 나다-십대 시리즈

인권으로 살펴본 기후 위기 이야기
여섯 가지 주제로 살펴본
기후 위기 이야기
최우리 외 글 | 208쪽 | 15,000원

우리 곁에 있어야 할 법 이야기
청소년이 꼭 알아야 할 법 이야기
최정규 글 | 김푸른 그림
180쪽 | 15,000원

미래 세대를 위한 인문 교양 시리즈

정치 · 역사 · 법 · 통일 이야기

4

미래 세대를 위한
동학 농민 혁명 이야기
동학 농민 혁명 바로 알기
김삼웅 글 | 방승조 그림
116쪽 | 13,000원

3

미래 세대를 위한
평화통일 이야기
청소년이 알아야 할
평화통일 이야기
정주진 글 | 180쪽 | 15,000원

학교도서관사서협의회 추천도서

2

미래 세대를 위한
법 이야기
행복하고 평등한 세상을 위한
법 이야기
이지현 글 | 180쪽 | 15,000원

아침독서 추천도서

1

미래 세대를 위한
건축과 국가 권력이야기
건축으로 살펴보는
세계 근현대사와 국가 권력
서윤영 글 | 216쪽 | 15,000원

10대를 위한 인문학 특강 시리즈

교과서 밖 평등 · 평화 · 인권

아침독서 추천도서

9

이상수의 청소년
에너지 세계사 특강
에너지로 살펴본 세계사
이상수 글 | 236쪽 | 14,000원

식생활교육 우수도서

8

권은중의 청소년
한국사 특강
음식으로 배우는 우리 역사
권은중 글 | 272쪽 | 15,000원

어린이도서연구회 추천도서

7

서윤영의 청소년
건축 특강
건축으로 살펴본 일제 강점기
서윤영 글 | 180쪽 | 13,000원

아침독서 추천도서

5

정주진의 평화 특강
난민, 폭력, 환경으로
살펴본 평화
정주진 글 | 240쪽 | 14,000원

10대를 위한 인문학 특강 시리즈는 계속 출간됩니다.

01 한홍구의 청소년 역사 특강
교과서에 나오지 않는 근현대사 이야기
02 최원형의 청소년 소비 특강
대량 소비가 만든 쓰레기 이야기
03 이임하의 여성사 특강
여성사에서 배우는 평등과 민주주의
04 인권연대의 청소년 인권 특강
인권을 통해 살펴보는 우리 삶의 태도
05 정주진의 평화 특강
난민, 폭력, 환경으로 살펴본 평화
06 쉬운 말이 평화
최종규의 청소년 우리말 특강
07 서윤영의 청소년 건축 특강
건축으로 살펴본 일제 강점
08 권은중의 청소년 한국사 특강
음식으로 배우는 우리 역사
09 이상수의 청소년 에너지 세계사 특강
에너지로 살펴본 세계사

어린이 책도둑 시리즈는 계속 출간됩니다.

01	선생님, 노동이 뭐예요?	어린이를 위한 하종강의 노동 백과
02	고래 어린이 인문 학교	어린이를 위한 생태, 역사, 노동, 경제 이야기
03	선생님, 헌법이 뭐예요?	아름다운 나라를 꿈꾸는 헌법 이야기
04	선생님, 3·1 운동이 뭐예요?	대한민국을 만들어 준 소중한 역사, 3·1 운동
05	선생님, 대한민국은 어떻게 시작되었나요?	국민이 주인 되는 나라, 대한민국 임시 정부 이야기
06	선생님, 미디어가 뭐예요?	어린이가 꼭 알아야 할 소통 수단, 미디어 이야기
07	선생님, 평화가 뭐예요?	평화로 꿈꿔 보는 더불어 사는 세상
08	선생님, 동물 권리가 뭐예요?	어린이를 위한 동물 권리 이야기
09	선생님, 과학이 뭐예요?	내 삶의 뿌리를 찾는 어린이를 위한 과학 이야기
10	선생님, 기후 위기가 뭐예요?	어린이를 위한 기후 위기 이야기
11	선생님, 건축이 뭐예요?	미래를 그리는 어린이 건축 이야기
12	선생님, 더불어 살려면 어떻게 해요?	우리 모두가 더불어 사는 세상 이야기
13	선생님, 경제가 뭐예요?	더불어 행복하게 잘 살아가는 경제
14	선생님, 탈핵이 뭐예요?	우리는 어떻게 하면 탈핵 할 수 있을까요?
15	선생님, 코로나19가 뭐예요?	민주주의와 정의로 이겨 내는 코로나19
16	선생님, 진화론이 뭐예요?	진화론을 입체적이고 정확하게 이해하는 첫걸음의 시작
17	선생님, 착한 손잡이가 뭐예요?	사람을 중심에 두는 디자인 이야기
18	선생님, 정치가 뭐예요?	우리 삶을 바꾸는 정치 이야기
19	선생님, 세계 시민이 되려면 어떻게 해야 해요?	더불어 사는 세계 시민 이야기
20	선생님, 반려동물과 함께 살려면 어떻게 해야 해요?	반려동물에게서 배우는 사랑과 책임
21	선생님, 평화통일이 뭐예요?	어린이를 위한 평화통일 이야기
22	선생님, 인류세가 뭐예요?	여섯 번째 대멸종 이야기
23	선생님, 유해 물질이 뭐예요?	유해 물질로부터 안전을 지키기 위한 이야기
24	선생님, 채식이 뭐예요?	지구를 살리는 채식 이야기
25	선생님, 노동법이 뭐예요?	서로 존중하며 일하는 세상을 위해 알아야 할 이야기
26	선생님, 쓰레기는 왜 생기나요?	일상에서 실천하는 '제로웨이스트' 이야기
27	선생님, 탄소 중립을 이루려면 어떻게 해야 해요?	나부터 실천하는 '탄소 중립' 이야기
28	선생님, 친일파가 뭐예요?	우리가 꼭 알아야 할 친일파 청산 이야기
29	선생님, 노동을 즐겁게 하려면 어떻게 해야 해요?	모두가 존중받으며 즐겁게 일하는 세상
30	선생님, 생태계를 지키려면 어떻게 해야 해요?	우리가 꼭 알아야 할 생태계와 기후 위기
31	선생님, 건강하게 살려면 어떻게 해야 해요?	우리가 꼭 알아야 할 건강 이야기
32	선생님, 난민은 왜 생기나요?	우리 이웃인 난민과 더불어 살아요

어린이 책도둑 시리즈

쉽고 재미있는 인문 · 사회 · 생태 · 과학

한국학교사서협회 추천도서

32

선생님, 난민은 왜 생기나요?

우리 이웃인 난민과 더불어 살아요

김미조 글 | 홍윤표 그림

112쪽 | 13,000원

아침독서 추천도서

31

선생님, 건강하게 살려면 어떻게 해야 해요?

우리가 꼭 알아야 할 건강 이야기

권세원 외 12인 글 | 이연정 그림

120쪽 | 13,000원

전국독서새물결모임 추천도서

30

선생님, 생태계를 지키려면 어떻게 해야 해요?

우리가 꼭 알아야 할 생태계와 기후 위기

이상수 글 | 방승조 그림

132쪽 | 13,000원

아침독서 추천도서

29

선생님, 노동을 즐겁게 하려면 어떻게 해야 해요?

모두가 존중받으며
즐겁게 일하는 세상

이승윤 글 | 소경섭 그림

128쪽 | 13,000원

아침독서 추천도서

28

선생님, 친일파가 뭐예요?

우리가 꼭 알아야 할
친일파 청산 이야기

김삼웅 글 | 방승조 그림

112쪽 | 13,000원

학교도서관사서협의회 추천도서

27

선생님, 탄소 중립을 이루려면 어떻게 해야 해요?

나부터 실천하는 '탄소 중립' 이야기

최원형 글 | 백두리, 장고딕 그림

112쪽 | 13,000원

학교도서관저널 추천도서

26

선생님, 쓰레기는 왜 생기나요?

일상에서 실천하는
'제로웨이스트' 이야기

최원형 글 | 홍윤표 그림

140쪽 | 13,000원

고래가숨쉬는도서관 추천도서

25

선생님, 노동법이 뭐예요?

서로 존중하며 일하는 세상을
위해 알아야 할 이야기

이수정 글 | 홍윤표 그림

136쪽 | 13,000원

아침독서 추천도서

24

선생님, 채식이 뭐예요?

지구를 살리는 채식 이야기

이유미 글 | 홍윤표 그림

112쪽 | 13,000원

철수와 영희를 위한 사회 읽기 시리즈

더불어 사는 삶을 위한 인권과 민주주의

13

왜 우리는 차별과 혐오에 지배당하는가?
차별과 혐오를 넘어서기 위해 우리가 해야 할 일
이라영, 오인영, 김희교, 김형수, 손희정, 박홍규, 구정화 글
280쪽 | 18,000원

학교도서관사서협의회 추천도서

12

인권을 말해야 할 때
기초부터 심화까지 제대로 공부하는 '인권'
전진성, 오창익, 김종대, 김비환, 박홍규, 이재승 글
224쪽 | 17,000원

학교도서관사서협의회 추천도서

11

공격 사회
비난과 조롱에 익숙해지다
정진주 글
248쪽 | 17,000원

인디고서원 추천도서

10

평화의 눈으로 본 세계의 무력 분쟁
무력 분쟁으로 살펴본 세계 시민의 역할
정주진 글 | 272쪽 | 17,000원

아침독서 추천도서

9

정의의 길, 역사의 길
10대에게 들려주는 정의론
김상웅 글
168쪽 | 12,000원

아침독서 추천도서

8

새내기 노동인 ㄱㄴㄷ
일터에서 씩씩하게 살아갈 무기
손석춘 글
256쪽 | 14,000원

학교도서관사서협의회 추천도서

7

인권, 여성의 눈으로 보다
페미니즘으로 바라본 인권 이야기
임옥희, 로리주희, 윤김지영, 오창익 글 | 192쪽 | 12,000원

세종도서 교양부문 선정도서

6

새내기 주권자를 위한 투표의 지혜
투표의 역사와 한국 정치
손석춘 글
248쪽 | 14,000원

철수와 영희를 위한 사회 읽기 시리즈는 계속 출간됩니다.

---

01 2230자
인권, 민주주의를 열망하는 따뜻한 시선

02 우리 시대 혐오를 읽다
종교, 차별, 여성, 법으로 살펴본 혐오 이야기

03 인권, 세계를 이해하다
인권과 함께 떠나는 인문학 세계 여행

04 흔들리는 촛불
'저널리즘 글쓰기'에 대한 올바른 원칙과 방향

05 우리는 자연의 일부입니다
'풀꽃세상' 환경 특강

06 새내기 주권자를 위한 투표의 지혜
투표의 역사와 한국 정치

07 인권, 여성의 눈으로 보다
페미니즘으로 바라본 인권 이야기

08 새내기 노동인 ㄱㄴㄷ
일터에서 씩씩하게 살아갈 무기

09 정의의 길, 역사의 길
10대에게 들려주는 정의론

10 평화의 눈으로 본 세계의 무력 분쟁
무력 분쟁으로 살펴본 세계 시민의 역할

11 공격 사회
비난과 조롱에 익숙해지다

12 인권을 말해야 할 때
기초부터 심화까지 제대로 공부하는 '인권'

13 왜 우리는 차별과 혐오에 지배당하는가?
차별과 혐오를 넘어서기 위해 해야 할 일

4. 북한 인민일찌라도 온종일 땅을 파며 싸우거나 밤을 새워 짐을 날으는 일을 언제까지 계속할 수는 없는 노릇이다. 그러니 다 죽일 작정이 아니냐!

5. 공산당 때문에 우리 단군의 죄 없는 자손들이 유엔군의 불바다 속에서 무수히 죽었다. 그러니 다 죽일 작정이 아니냐!

공산당 표식을 기억하라! 그것은 노예와 죽음의 표식이다! _ *뒷면 글*

(그림 71)

이 표식을 기억하라! 자유와 행복의 표식! _ *앞면 글*

정말 자유와 희망이 무엇인지 아는가!

1. 자유란 정치 안전 장교의 감시를 벗어나는 것이다.

2. 자유란 집으로 돌아가서 가족과 더불어 행복스럽게 사는 것이다.

3. 자유란 자기에게 맞는 일자리에서 일을 하는 것이다.

4. 자유란 유엔군의 불바다를 벗어나는 것이다.

5. 자유란 공산주의자 밑에서 개죽음을 면하는 것이다.

1. 희망이란 다시금 사람다운 생활을 하게 되는 것이다.

2. 희망이란 밤낮 일하며 길을 가며 땅을 파는 신세를 면하게 되는 것이다.

3. 희망이란 자기 집에서 살다가 편안히 죽는 것이다.

4. 희망이란 우리나라를 공산주의 마수에서 벗어나게 하는 것이다.

5. 희망이란 공산주의자들의 탄압과 독재를 물리치는 것이다.

유엔 표식을 기억하라! 그것은 자유와 희망의 표식이다! _ *뒷면 글*

(그림 72)

미군이 만든 위 삐라들은 한 면에서는 상징을, 다른 면에서는 공산당과 유엔이 왜 '노예와 죽음', '자유와 행복'인지를 설명합니다. 이로써 삐라 속에서 상징은 구호와 결합됐어요.

미군은 중국군과 북한군이 투항하고 싶어도 삐라 속 상징만으로는 '유엔이 왜 좋은지', '소련이나 중국, 공산당이 왜 나쁜지' 알 수 없으리라 여겼죠. 이에 따라 상징을 군인들에게 확실히 심어 주려는 계획이 세워졌어요. 이는 "병사들에게 유엔은 자유를, 공산당은 노예와 죽음을" 뜻한다고 인식시키려는 것이죠.

미군이 뿌린 삐라는 〈그림 71〉처럼 소련과 공산주의를 가리키는 낫과 망치를 붉은색으로 칠해 '노예와 죽음'의 의미로 바꿨어요. 그리고 서로 대립하는 두 세계를 견주어 등장시켰습니다.

대한민국에서는 모든 백성들이 자유롭게 산다.
자유롭게 직업을 선택할 수 있고,
자기네들이 원하는 정부를 가질 수 있다.
그러나 북한에서는 노예 생활이 전염병 퍼지듯 늘어가고 있다.
공산 정부가 명령하는 대로 일을 해야 하고,
총칼로 백성을 다스리고 있다. _ *앞면 글*

대한민국에서는 모든 백성들이 자유롭게 산다.
농민은 자기가 거둔 곡식을 가질 수 있고,
학생들은 자유로운 배움의 생활을 할 수 있다.

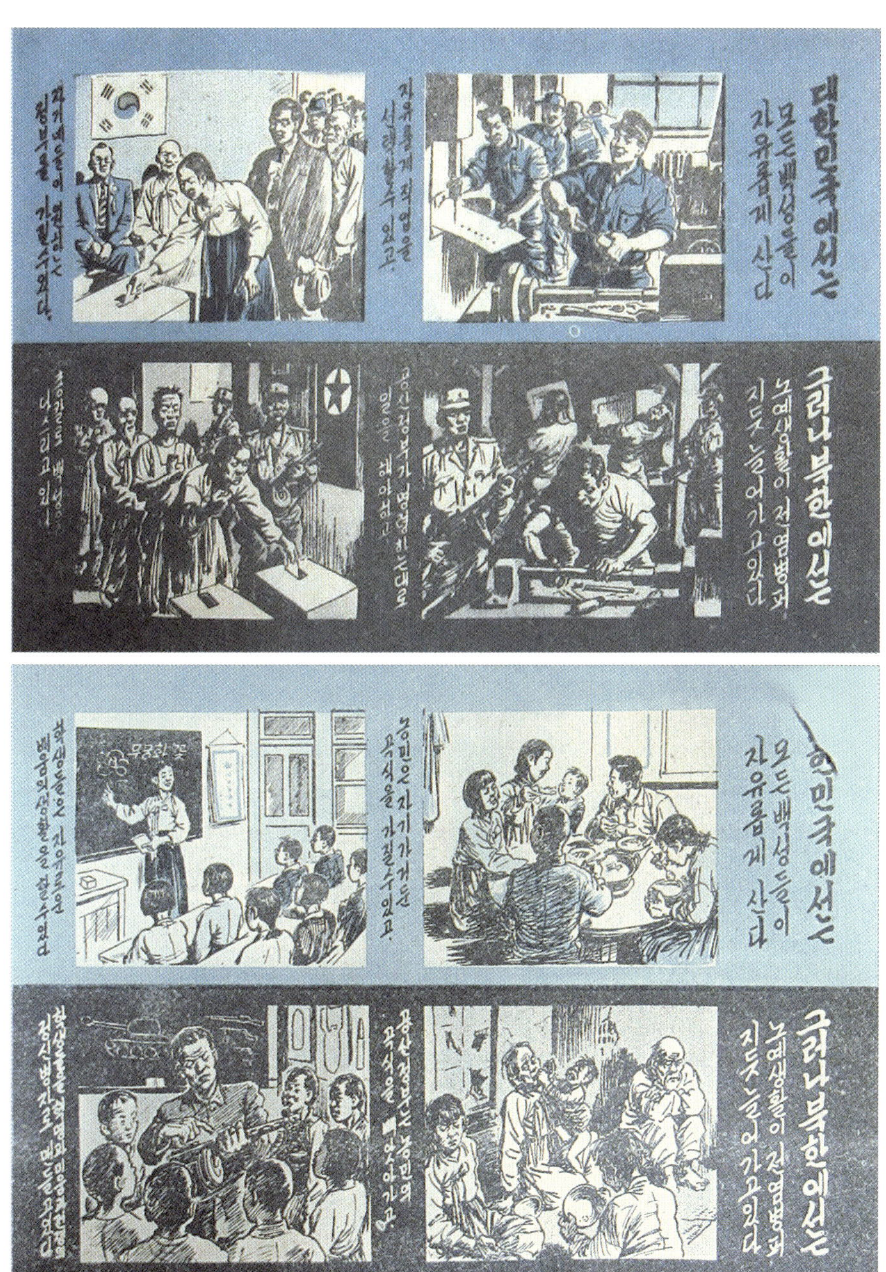
대한민국에서는
모든백성들이
자유롭게 산다
자유롭게 직업을
선택할수 있고
자기네들이 원하는
정부를 가질수 있다.
그러나 북한에서는
노예생활이 전염병과
지듯 늙어가고있다
공산정부가 명령하는대로
일을 해야하고
총칼로 백성들을
다스리고 있다
모든백성들이
자유롭게 산다
농민은 자기가 거둔
곡식을 가질수 있고
학생들은 자유로운
배움의생활을 할수있다
무궁화 꽃
그러나 북한에서는
노예생활이 전염병과
지듯 늙어가고있다
공산정부는 농민의
곡식을 빼앗아가고
정신병자로 만들고있다

그림 73, 73-1

그러나 북한에서는 노예 생활이 전염병 퍼지듯 늘어가고 있다.

공산 정부는 농민의 곡식을 빼앗아가고,

학생들을 혁명과 미움과 전쟁의 정신병자로 만들고 있다. _ *뒷면 글*

(그림 73, 73-1)

〈그림 73, 73-1〉의 삐라는 위, 아래로 직업의 선택, 선거, 학교, 가족 생활을 배치해 두 세계를 비교합니다. 또한 〈그림 74〉의 삐라는 한 면에는 자유세계와 공산 세계를 밝음과 어둠, 자유와 결박으로 표현했고, 다른 면에서는 이를 설명하고 있지요. 이 삐라들은 자유세계와 노예 세계가 '개인'을 어떻게 다루는지를 보여 주려 합니다. 노예 세계의 개인은 오직 국가의 목적을 위한 도구이지만 자유세계는 이를 막으려 한다고 주장했습니다.

이들 삐라들은 어둠과 빛, 결박과 자유, 죽음과 부활, 부패와 재생 따위의 이분법을 활용했어요. 곧 세상을 밝고 선하고 언제든 옳은 자기편과 어둡고 악한 적으로 나누고 있습니다. 삐라가 누구를 선하다 하고, 누구를 악하다 하는지는 알겠죠?

유엔과 공산 세계의 비교는 전장에까지 이어졌어요. 〈그림 75, 75-1〉은 군용 모자로 두 세계를 비교하고 있습니다.

헌겁 모자로 싸우는 공산군

공산도배들은 제군을 맞아 죽기 알맞은 엷은 헌겁 모자를 씌워 전쟁터로 모라넣었다.

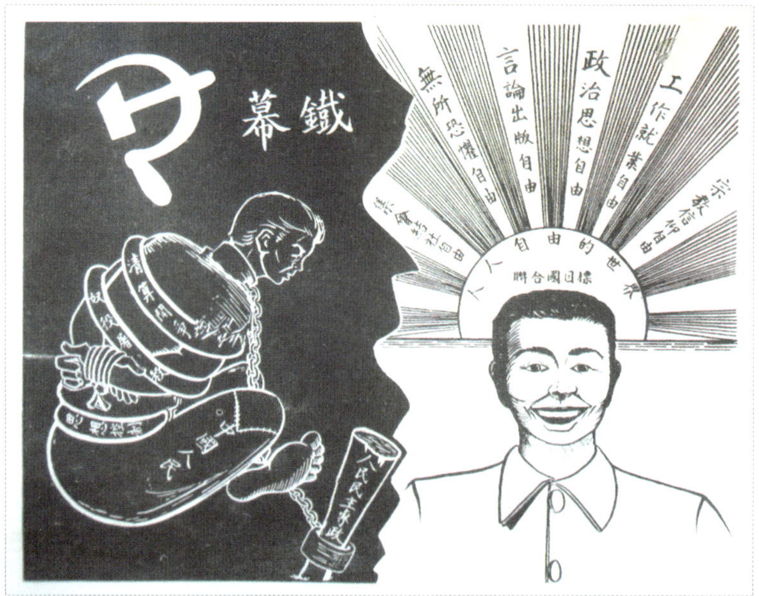

그림 74

총알을 막아 낼 철모도 못 얻어 쓴 제군들은 머지않아 총알로 골통을 뚫리어 죽고 말 것이다. (…) _ *앞면 글*

〈뒤〉 유엔 병사들을 수호하는 철모

유엔은 늘 유엔 병사들을 애낀다! 유엔군은 세계에서 가장 훌륭한 장비를 가춘 군대다. 철모 안 쓴 병사는 한 명도 없다. (…) _ *뒷면 글*

(그림 75, 75-1)

미국의 삐라는 세계를 두 세계, 즉 자유세계와 노예 세계로 나누었어요. 그러나 자유세계보다 더 자주 불린 명칭이 유엔이었고 한국 전쟁

그림 75, 75-1

때 미국 심리전에서의 세계는 유엔과 공산 세계입니다. 이 같은 대비 자체가 틀렸는데도 불구하고 전쟁 뒤 한국 사회에서 이런 구도가 너무나 자연스럽게 받아들여졌어요. 유엔은 국가 사이의 연합 기구이지 정치나 사회 또는 경제 체제를 가리키지는 않습니다. 그런데도 심리전에서의 '유엔'이란 명칭은 정치나 사회 체제를 의미했고, 자유세계의 상징이었죠. 반면 공산 세계는 유엔과 대비되는 세계 기구가 아니라 정치 체제였어요. 이러한 모순에도 유엔과 공산 세계, 자유세계와 노예 세계라는 대비는 냉전 시대 한국에서 자연스럽고 올바른 사용례로 정착했어요.

2) 평화 민주 진영과 제국주의 침략 진영

> 무엇 때문에 미국은 이와 같이 미친 듯이 침략 전쟁을 (…) 확대시키고 있는가?
>
> 이것은 결코 어떤 고립된 우연한 사실이 아니다. 이는 바로 미국의 전반적 군사·정치 계획의 일부분인 것이다. 미국 대자본가들은 제2차 세계대전 이후 독일에 팟쇼 국가의 괴멸과 아울러 자본주의 세계가 대대적으로 약화된 사실을 목격했으며 허다한 인민 민주주의 국가의 출현과 위대한 사회주의 국가 쏘련을 선두로 한 세계 평화 민주 진영이 그 어느 때보다도 강대하여진 사실을 보았던 것이다.
>
> 때문에 미제는 침략을 확대하는 방법으로써 자기의 위기를 면해 보려고 행동을 다하였다. (…)
>
> 오늘날 세계에는 강대한 쏘련을 위수로 한 평화 민주 진영이 있으며 그의 힘은 제국주의 침략 진영의 힘보다 비할 바 없이 강대하다. 오늘날 동방에는 강대하며 쏘련과 동맹을 매준 중화인민공화국에 있나니 그는 제국주의 침략을 견결히 반대한다.

위 글은 북한군에서 뿌린 삐라에 실린 것으로 중국 〈인민일보〉의 사설을 참조했다 합니다. 이 글은 세계가 소련을 중심으로 한 평화 민주 진영과 미국을 중심으로 한 제국주의 침략 진영으로 구성되어 있다고 주장하죠. 더구나 아시아에는 소련과 동맹을 맺은 중국이 있어 그 힘이 강대하다고 자랑하네요. 삐라 〈그림 76, 76-1〉도 '세계 평화 애호 인민은

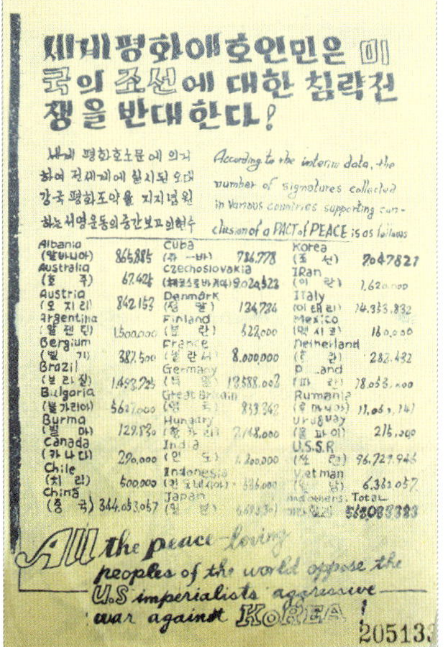

그림 76, 76-1

미국의 조선에 대한 침략 전쟁을 반대한다!'라며 평화를 강조합니다.

이 구호는 소련을 비롯한 중국, 북한의 세계관을 드러냅니다. 미국이 세계를 자유세계와 노예 세계로 나누어 바라보았다면 소련(중국과 북한)은 세계를 평화 민주 진영과 제국주의 진영으로 나누고 있어요. 그러면서 미국이 말하는 '자유'가 돈벌이하는 미국 자본의 자유, 곧 거짓 '자유'라고 주장했어요.

국방군 병사, 하사, 장교들이여! (…)

일제의 쓰라린 노예 생활을 오랫동안 체험한 우리는 미 제국주의자들이 말하는 자유란 무엇을 의미하는가를 잘 안다.

해방 후 7년간 남조선 인민들이 당한 빈궁과 고문과 테로와 학살을 의미하는 미국식 리승만식 자유는 쓸데없다.

미국 침략자들은 조선 인민의 자유를 운운할 때마다 조선 사람의 피와 땀으로 돈벌이하는 미국 자본의 자유를 생각한다.

우리 조선 인민은 참된 자유! 외국 침략자들의 간섭 없는 자유! 나라를 팔아먹고 민족을 반역하는 망국노가 없는 자유를 원한다.

조선 인민은 미국 간섭자들과 리승만 역도들을 반대하는 슬기로운 투쟁에서 자기 조국의 자유와 통일과 독립을 원하고 있을 뿐만 아니라 그를 쟁취 고수하기에도 충분히 준비되어 있음을 보여 주었다. (…) **(그림 77)**

북한이 사용한 '제국주의'란 표현은 단순히 미국이 말하는 '자유 세계와 노예 세계'라는 구분에 대립시키려는 것만은 아니었어요. 제국주

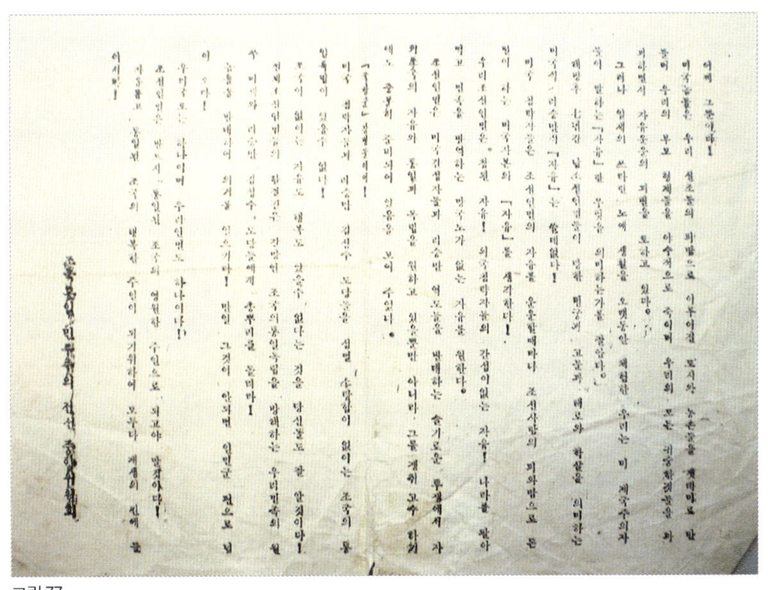

어찌 그뿐이랴!
미국놈들은 우리 선조들의 피땀으로 이루어진 도시와 농촌들을 잿더미로 만들며 우리의 부모 형제들을 야수적으로 죽이며 우리의 모든 귀중한 재산을 파괴하면서 자유운운의 지랄을 토하고 있다.
그러나 일제의 쓰라린 노예 생활을 오랫동안 체험한 우리는 미 제국주의자들이 말하는 「자유」란 무엇을 의미하는가를 잘 안다.
해방후 5년간 남조선 인민들이 당한 빈궁과 고문과 테로와 학살을 의미하는 미국식 리승만식 「자유」는 쓸데없다!
미국 침략자들은 조선인민의 자유를 운운할때마다 조선사람의 피와 땀으로 돈벌이 하는 미국자본의 「자유」를 생각한다!
우리 조선인민은 참된 자유! 외국침략자들의 간섭이 없는 자유! 나라를 팔아먹고 민족을 반역하는 망국노가 없는 자유를 원한다.
조선인민은 미국간섭자들과 리승만 역도들을 반대하는 슬기로운 투쟁에서 자기 조국의 자유와 통일과 독립을 원하고 있을뿐만 아니라 그를 쟁취 고수 하기에도 충분히 준비되어 있음을 보여 주었다.
「[illegible]」 장병들이여!
미국 침략자들과 리승만 [illegible] 도당들을 섬멸 소탕함이 없이는 조국의 통일독립이 있을수 없다!
조국이 없이는 자유도 행복도 있을수 없다는 것을 당신들도 잘 알것이다!
전체 조선인민들의 한결같은 갈망인 조국의 통일독립을 방해하는 우리민족의 원수 미제와 리승만 [illegible]에게 총뿌리를 돌리라!
놈들을 반대하여 [illegible]! 만일 그것이 안되면 인민군 편으로 넘어오라!
우리 조국은 하나이며 우리 인민도 하나이다!
조선인민은 반드시 통일된 조국의 영원한 주인으로 되고야 말것이다!
자유롭고 통일된 조국의 행복한 주인이 되기위하여 모두다 재생의 길에 들어서라!
조국통일민주주의전선 중앙위원회

그림 77

Doc no. 205349
국방군 장병들이여!
뼈속깊이 사모친 왜놈들의 이 압제를 그대들은 벌서 잊었단 말인가?
징병
징용
양키와 왜놈은 그대들의 원쑤이다

미국놈과 리승만도당은 왜놈을 다시 우리 땅에 끌어드리고있다!!
대일단독강화조약과 미.일안전보장조약은 왜놈을 조선에 모라세우는 길이다!
리승만
환영
조선
미제대일단독강화

그림 78, 78-1

의는 자본 팽창, 침략, 식민 지배, 수탈의 의미를 담고 있었지요. 더구나 오랜 기간 일본 제국주의의 식민 통치와 수탈에 시달려 온 한국인에게 '제국주의'는 곧 침략자로 받아들여졌고 싸워야 할 대상이었어요. 이는 미국이 소련을 '공산 제국주의' 또는 '러시아 제국주의'라 부른 이유이기도 합니다.

따라서 미 제국주의란 삐라 속 표현은 한국인의 민족 감정을 자극하는 것이었어요. 한국인의 민족 감정을 손쉽게 자극하려면 일본 제국주의를 떠올리게 하면 되니까요. 이는 북한의 삐라가 '미 제국주의'라는 표현에서 나아가 〈그림 78, 78-1〉과 〈그림 79〉처럼 미국과 일제 식민 통치를 비교한 이유입니다.

그림 79

그림 80

그래서 북한은 〈그림 80〉처럼 일제에 반대하는 투쟁을 했듯이 미제에 반대하는 투쟁이 지금의 일이라고 강조했어요.

세계를 서로 적대하는 두 세계로 나누어 바라보는 방식은 소련과 북한 또한 미국과 다르지 않았어요. 두 손바닥이 부딪쳐야 소리가 나듯 냉전의 세계관은 서로 마주 보고 귀를 막은 채 자기만 옳다 소리치는 것과 같습니다. 곧 냉전의 세계관은 같은 방식으로 세계를 바라보는 상대가 있어야만 성립하는 세계관이라는 뜻입니다. 여기에 소개된 삐라를 읽다 보면 냉전이 한국 전쟁의 명분으로 깊숙이 자리하고 있었음을 알 수 있죠.

04
'정의로운 전쟁'이라 말하는 사람들

원래 세계인은 전쟁을 원하지 않는다. 군부가 진주만 공격을 감행하기까지 대다수 (일본) 국민은 전쟁을 반대했다. 군부는 국민 여론을 무시하고 일 · 미 양국 사이의 우호 관계를 유지해야 한다고 주장하는 사람들을 매국노로 낙인찍었다. "민족적 단결"이라는 핑계로 평화를 좋아하는 사람들을 억압했다. 군부는 전쟁으로 강대한 미국 폭격기를 일본에 가져왔다. 애국지사여! 제군은 일본 국토가 철저하게 파괴되기에 앞서 군 수뇌부에게 반성을 요구하고 무의미한 전쟁을 끝내도록 최대한 노력하라. _ *뒷면 글*

(그림 81)

이 삐라는 미군이 태평양 전쟁 때 일본군과 일본인을 대상으로 뿌린 것이에요. 이 삐라를 보면 동아시아에서의 전쟁은 일본의 진주만 공격으로 시작됐죠. 곧 미국의 시각에서는 일본의 1937년 만주 침략과 중일 전쟁은 전쟁이 아닙니다. 미국에게 전쟁은 1941년 진주만 습격에서부터였던 것이죠. 그러나 한반도를 비롯한 동아시아에서 전쟁의 광풍은 이미 1937년부터 불어닥쳤고 일본이 진주만을 습격한 뒤인 1942년

절정에 이르렀어요.

이 삐라를 읽으면 과연 정의란 존재하는가 의문이 들 수밖에 없습니다. '정의'는 선언만으로 성립되지는 않죠. 정의라는 개념은 결국 역사의 산물입니다. 곧 인류가 만들어 가는 과정입니다. 그래서 정의가 누구의 입장에서 정의인지도 고민해야 하죠.

미국은 '정의'를 실현하려고 전쟁에 개입한다고 말해 왔습니다. 그런데 그 '정의'의 기준은 일관되지 않았어요. 제2차 세계 대전 뒤 동아시아에서의 미국의 점령 정책은 정의가 편의에 따라 어떻게 적용되는지 적나라하게 알려 주죠. 전후 처리 과정에서 미국은 독일과 일본의 전쟁 범죄자를 다르게 처리했어요.

그림 81

미국은 독일에서 나치가 아닌 독일 전체를 적으로 삼았던 반면 일본에서는 몇 명의 장성(군부)만을 적으로 규정했어요. 이렇게 한 까닭은 "일본 천황에 대한 악평은 미국에 대한 일본 국민의 분개"를 높이고 오히려 미국에게 "큰 손실을" 입히리라는 염려 때문이었죠. 곧 미국의 이익을 실현하는 데 유리하리라는 판단에서 천황을 단죄하지 않았습니다.

동아시아에서 전쟁 범죄자는 군국주의자인 몇 명의 장군들뿐이었습니다. 그래서 '군국주의자 장군'과 '평화주의자 천황'이라는 도식이 삐라에서뿐만 아니라 전쟁 뒤 일본 사회에 널리 퍼질 수 있었죠. 군국주의자 대 '평화주의자 천황'이라는 구도는 미국의 심리전 연구와 작전 수행 과정에서 나왔고, 제2차 세계 대전 뒤 미국의 동아시아 점령 정책으로 이어졌어요.

소수의 군국주의자만이 전쟁 범죄자라는 미국의 방침은 일본의 점령 정책에도 적용되었어요. 그런데 이는 두 가지 점에서 문제가 있습니다. 하나는 전쟁 피해자이자 가해자인 일본군 병사들이나 일본인의 전범 의식을 문제 삼을 수 없다는 것이죠. 그들 또한 침략 전쟁에 동조하거나 일정한 역할을 했잖아요. 그런데도 책임은 몇몇 장군에게만 물음으로써 최소한의 반성이나 사과도 없이 면죄부를 얻을 수 있었죠. 아직까지 전쟁 피해자에 대한 보상은커녕 '사죄의 말'조차 하지 않은 일본의 태도는 여기에서 시작된 것입니다. 다른 하나는, 백번 양보해 '평화=천황, 전쟁=군국주의자'라는 도식이 일본인에게는 적합했다 해도, 이는 동아시아에서 식민지 유산과 잔재를 처리하는 데 걸림돌이 되었다는 사실입니다. 전쟁 범죄에 대한 성찰적 문제 제기 없이 '평화'라는 단어만으로 뭉뚱그려 모든 문제가 해결되었다고 할 수는 없습니다. 오히려 아무것도 처리하지 않는 채 덮어 두는 셈이죠. 이처럼 자국의 이익을 우선시하는 미국의 정책은 전쟁 피해자에 대한 배상이나 전쟁 범죄자 처벌과 관련해 논란거리를 만들어 왔어요. 또한 제2차 세계 대전 뒤 동아시아 역사 발전에 불균형을 가져오는 계기로 작용했죠. 청산되었어야 마땅한 일본 식민지 잔재가 오랫동안 남아 한국 사회를 왜곡시키는 현실도 여기에서 출발합니다.

일제 강점기 조선 총독은 일본이나 조선 안의 그 어떤 세력으로부터도 견제받지 않는 무소불위의 권력을 가지고 있었습니다. 입법, 사법, 행정을 비롯해 군 통수권까지 통제했으니까요. 그런데 이렇듯 막강한 권력을 가진 총독도 한 사람의 말은 들어야 합니다. 바로 임명권자인 천황이지요. 그러니 식민지 조선에서 천황은 식민지 지배의 정점이자 수많은 죽음과 착취를 낳은 장본인입니다. '평화주의자'하고는 거리가 멀죠.

그런 의미에서 '천황=평화'라는 미국의 전후 정책은 우리에게 '정의는 존재하는가', '정의란 무엇인가'라는 질문을 던지게 합니다. 해방 뒤 미군정이 통치하는 한반도에서 정의는 애초에 없었습니다. 전후 문제 처리 과정에서 언제나 정의의 지팡이를 휘둘렀다고 하지만 그들이 말한 정의는 결코 미국의 이익에 앞서지 않았어요.

한 가지 사례를 더 보겠습니다. 미국의 전쟁을 지지하는 사람들은 그 전쟁을 '성전聖戰'이라 말하죠. 제1차 세계 대전은 민주주의 세계를 만들려는 성전이고 제2차 세계 대전과 한국 전쟁은 전체주의의 팽창을 저지하려는 성전이라는 겁니다.

이에 따라 미국은 세계를 전체주의 국가와, 전체주의에 대항하는 자유 국가로 나눴어요. 유엔군 사령부는 1952년 1월 휴전 협상을 진행하면서 유엔군 사령부의 지위를 확실하게 설명할 목적으로 유엔의 역사를 이렇게 소개했습니다.

> 세계 구석구석에 평화를 유지하려는 목적에서 유엔 조직이 세워졌다. 유엔은 카스미르, 팔레스타인, 인도네시아와 같은 지역에서 갈등을 평화적으로 해결하려 일하고 있다. 유엔은 공산 침입에 맞서는 한국인을 도와주는 국제적 군대이다. 자유 국가는 1943년 카이로 회담보다 더 앞서 한국의 자유와 독립을 지원했다. 그러나 공산주의자는 한국을 분리하려 했고, 전쟁으로 밀어 넣으려 했다.

자유 국가들이 '한국의 자유와 독립'을 1943년 카이로 회담 이전부터 지원했다고 하네요. 그렇다면 미국은 어땠을까요? 미국은 1905년 가쓰라-태프트 밀약으로 일본의 한반도 지배권을 인정했어요. 미국이 한반도에 관심을 다시 갖게 된 것은 일본의 진주만 습격으로 태평양 전쟁이 일어난 뒤부터였지요. 1942년에서 1943년 중반에 이르는 기간 미국은 카이로 회담에서 전후 예상되는 문제를 해결하는 차원으로 한반도 문제를 검토했습니다. 루스벨트는 카이로 회담 준비 모임에서 "신탁 통치안의 가능성을 강조하고", 이를 "식민 지역에 적용할 수 있으리"라고 말했지요. 미국이 적어도 초기 구상 단계에서는 신탁 통치안을 한반도를 비롯한 식민지 지역에 무차별 적용하려고 했다는 뜻입니다. 그리고 1945년 2월에 열렸던 얄타 회담에서 미국은 신탁 통치안에 대해 스탈린의 구두 동의를 얻었을 뿐이죠. 앞서도 밝혔지만, 루스벨트는 20~30년 동안의 신탁 통치를 언급했으며 스탈린은 그 기간이 짧을수록 좋다고 했잖아요. 이는 제2차 세계 대전이 끝나기 전 연합국이 한국에 관해서 다소나마 구체적으로 협의하고 예비적 합의에 이른 유일한 것이었습니다.

곧, 과거 일본의 한반도 지배권을 인정했던 미국은 전쟁이 끝난 뒤에도 한국의 즉시 독립을 원하지 않았죠.

이렇게 살펴보니 미국의 정의가 반드시 한국인에게 정의는 아닌 것 같네요. 오히려 미국은 자기들의 이익과 맞물려 있으면, 사실을 왜곡하면서까지 그것을 정의라고 주장합니다. 카이로 회담 이전에 신탁 통치안을 구상한 것 이외에 한국의 독립과 자유를 위해 어떤 노력도 하지 않았음에도 미국은 한국의 독립을 위해 싸웠다고 말했죠. 그리고 천황과 군국주의자를 분리한 미국의 일본 점령 정책은 오늘날에도 동아시아의 과거 역사를 해결하지 못한 과제로 남겼죠. 이러한 왜곡이 미국의 이익에는 정당할지 몰라도 한국의 이익과 일치할 수는 없습니다.

05
유엔의 이름을 빌린 미국

21세기 들어서도 미국은 이라크, 아프가니스탄을 비롯한 세계 도처에서 전쟁을 벌이거나 분쟁에 개입하고 있지요. 그때마다 미국은 미국 혼자만이 아니라 다른 나라들과 함께 또는 국제기구의 이름을 빌리곤 합니다. 그래서 이라크나 아프가니스탄에서의 전쟁 주체는 미군이 아니라 다국적군이거나 유엔 평화 유지군이에요.

이처럼 미군이 다른 이름을 빌려 전쟁을 치르는 게 단지 오늘날만의 일은 아닙니다. 한국 전쟁 또한 이와 다르지 않았어요. 미군은 전쟁이 미군이 아닌 유엔의 이름으로 치러진다고 적극적으로 선전했죠. 미국이 아닌 '유엔', '미국의 소리'가 아닌 '유엔의 소리'로 말해야 미국에 유리하다는 속내입니다. 곧 '유엔'이란 용어를 사용해 몇몇 나라를 뺀 전 세계의 지지를 받는다는 인상을 줘 미국은 이데올로기적 우위에 서고, 전쟁의 폭력성에 따른 세계 여론의 공격을 피해 갈 수 있다는 것이죠. 미국은 이러한 정책을 보다 적극적으로 실행했어요.

(유엔의 이름으로 행하는 심리전의 목적은) 한국인이 유엔에 관심 갖게 하고

(유엔의) 정체성을 부여하는 데 있다. 심리전 매체, 민주적 의견 개진, 정책 발표는 유엔의 이름으로 한다. 일본 군국주의의 반미 구호였던 "아시아를 위한 아시아" 같은 구호는 사용하지 않는다. _ 미 극동군 사령부

위와 같은 유엔의 신성화와 미 극동군 사령부의 "한국 사람들이 관심을 갖도록 유엔과의 일체화 정책을 수행하"라는 지시가 맞물려 해마다 10월 24일을 앞뒤로 '유엔의 날' 기념행사가 크게 열렸어요. 10월 24일은 1945년 유엔이 창설된 날입니다. 이날을 기념하여 우리나라에서는 기념식, 음악회, 영화 상영을 했고 1950년 9월 16일에 법정 공휴일로 지정됐어요. 그러다가 1976년 9월 3일에 폐지되고 대신 '국군의 날'이 법정 공휴일이 됐죠.

미군은 '유엔의 날'을 알리는 세 종류의 삐라를 생산했습니다. "하나는 세계 평화를 보호하는 유엔 기능을 강조하여 유엔의 배경과 목적을 설명했다. 두 번째는 감정적 호소로 '유엔 데이'의 중요성을 알렸다. 세 번째는 유엔 의미를 안 적 병사들이 집으로 가는 것으로 묘사했다." 다음 삐라는 이런 목적에 따라 만들어지고 뿌려졌지요.

평화 통일 재건 _ *앞면 글*

육 년 전 오늘 세계 각국 사람들이 모여 큰 회를 열게 되었다. 이 모임의 목적은 어찌하면 모든 사람이 평화롭게 살 수 있을가 그 방책을 의론하자는 데 있었다. 다시 말하면 누구나 자유롭게 살며 일하고 생각하며 믿음

그림 82

을 가질 수 있는 한편 다른 백성 혹은 다른 나라를 정복하려는 침략자로부터 서로 보호하자는 것이었다. 이리하야 유엔은 1945년 10월 24일 탄생되었다.
오늘날 유엔은 처음에 결정한 방침에 따라 영국, 미국, 카나다, 토이기(터키), 태국, 비률빈(필리핀) 그 외에 50여 자유의 나라들이 공산주의자들의 무자비한 침략으로부터 한국을 보호하기 위하여 지금 한국 전선에서 도웁고 있는 것이다.
그들이 싸우고 있는 목적은 오직 한국의 평화와 통일을 회복시키며 한국을 재건하는 데 있다.
유엔의 날을 마지하야 온 세계는 자유를 사랑하는 사람들의 마음에서 우러나온 높은 이념으로서 탄생된 유엔의 장래를 축복하며 이날을 기념하는 것이다. _ *뒷면 글*

(그림 82)

'유엔 상징에 서 있는 사람들'이라는 제목의 위 삐라는 앞면 가득 유엔 깃발이 날리고 있고 그 아래로 한복과 양장을 한 여성들과 아이들이 모여드는 장면을 그렸습니다.

한국에서 '유엔의 날' 행사는 전쟁 뒤 재건 과정에서도 이어졌어요. 그리고 유엔은 신생 세계 기구에 불과했지만 한국 전쟁을 거치면서 명실상부한 가장 권위 있는 세계 기구로서 힘을 갖게 됐지요.

06

전쟁 반대와 평화의 중요성

평화가 있는 곳에 행운이 있기를! _ *뒷면 글* **(그림 83)**

그림 83

위대한 쓰딸린 대원수가 영도하시는 쏘련은 세계 평화와 안전의 성세이다. 미영 제국주의 전쟁 방화자들이 군비 확장에 광분할 때 쏘련에서는 거대한 평화 건설이 진행되고 있다.

전 세계 평화 애호 인민들의 역량은 전쟁 방화자들의 세력보다 강대하다! 전 세계 인민들은 또다시 전쟁의 참화를 원하지 않으며 원자탄의 사용 금지와 5대 강국 간의 평화 조약 체결의 요구를 내걸고 전 세계의 항구한 평화 유지를 위하여 견결히 투쟁하고 있다. (…)
용감한 우리의 아들 딸들이여. 전선에 보내는 군량은 우리가 담당할 테다. 어서 미국 야수들을 마지막 한 놈까지 소탕하라! **(그림 84)**

평화는 유엔의 한국에 대한 군사적 목적이다. **(그림 85)**

〈그림 83〉은 미군을 대상으로 북한이 만든 삐라예요. 〈그림 84〉는 조선 농민 동맹 중앙 위원회에서 만든 〈농민 만화〉의 뒤표지입니다. 미군들에게는 평화를 외치고 있지만 북한의 농민들에게는 군량으로 전선에 보낼 식량을 더 많이 생산하라고 재촉하네요. 표지 그림에는 하늘에는 비행기가 떠있고 농민들은 식량과 탄약을 실어나르는 모습을 그렸습니다.

〈그림 85〉는 미군이 뿌린 삐라입니다. 이 삐라는 '평화는 유엔의 한국에 대한 군사적 목적이다'라고 선언하네요. 그렇다면 군사적 힘으로 이루려는 평화는 무엇일까요? 이를 알려 주는 것이 〈그림 86〉입니다. 뒷면에는 "오늘 유엔의 무력은 점점 강해가고 있다. 거기에는 세계 무비(비교할 상대가 없는)의 공업력이 있고 막대한 자원이 있으며 침략을 쳐부수랴는 철석같은 결심이 있다"고 쓰여 있습니다. 곧 무력을 써서 평화를 이루겠다 합니다.

그림 84

그림 85

그림 86

이렇듯 군사력에 의해 깨어진 평화를 군사력으로 회복한다는 논리는 냉전 시대에 '평화'를 제기하는 방식이었어요. 미국과 소련은 끝없는 군비 경쟁이 자국민에게 평화를 가져오는 힘이라 했고, 남북한의 군비 경쟁 또한 평화를 얻고 자신을 지키기 위함이라고 했죠. 우리들에게 '평화'는 적인 상대방을 군사력으로 억누를 수 있는 '힘'입니다.

그 '힘'으로 마주 싸웠던 한국 전쟁 동안 얼마나 많은 사람들이 다치고 사라지고 죽었을까요? 왜 전쟁 반대와 평화가 중요할까요?

국방부가 펴낸 『한국 전쟁 피해 통계집』에 따르면 전쟁 동안 군인은 62만 1,479명, 민간인은 99만 968명이 피해를 당했다고 합니다. 정확한 수치는 아니지만 최소한 160만 명가량이 죽거나 다치거나 실종됐다는 말이지요. 이를 북한까지 넓힌다면 피해자가 300만 명은 훌쩍 넘겠지요. 당시 남북한 인구를 3,000만 명으로 추정한다면 10명 가운데 1명이 전쟁 피해자인 셈입니다. 그 가족까지 범위를 넓힌다면 거의 모든 사람이 피해자죠. 경제 손실도 엄청났어요. 남한 제조업의 경우 1949년 대비 42퍼센트가 파괴됐고, 북한도 1949년과 비교해 공업의 60퍼센트, 농업의 78퍼센트가 파괴되었다 추정합니다.

한국 전쟁 때가 이 정도였으니 오늘날 한반도에 전쟁이 일어난다면 그 피해는 가늠하기 어렵겠죠. 그래서 서울시청 광장에서 한국 전쟁을 겪은 세대들이 '전쟁 반대', '평화'라는 푯말을 들고 시위하는 모습을 상상해 봅니다. 전후 세대들은 가족이 폭격을 맞아 죽거나 서울 시내 곳곳에 시체들이 너부러져 있는 모습을, 배고픔의 고통을, 가족에게 버림받은 아픔을 잘 모릅니다. '아무것도 모르니 너희들도 한번 겪어 봐라'가 아니라 '그런 비극을 다시 되풀이하지 않으려 우리가 나섰지'라는 말을 젊은 세대에게 들려주어야 하지 않을까요. '평화'를 냉전 시대처럼 군비 경쟁으로 얻으려 하지 말고 다른 형태로 얻으면 어떨까요.

전쟁의 위협에서 벗어나려면 상대를 힘으로 누르거나 굴복시키려 할 게 아니라 먼저 상대를 인정하고 대화와 교류로 이해해야 합니다. 6·15 남북 정상 회담도 한 사례라 할 수 있어요. 김대중 대통령은 남한의 대통령으로는 처음 북한의 수도 평양을 방문해서 북한의 최고 지도자 김정일을 만나 남북 정상 회담을 실현시켰죠. 남한과 북한은 상대를 대화와 협력의 동반자로 인정했고 남북한 사이의 교류가 크게 늘 수 있었습니다.

동아시아의 평화를 위한 6자 회담도 이에 해당하지요. 2002년 북한이 핵무기를 개발하고 있다는 의혹이 제기되고, 의혹이 사실로 확인되면서 한반도의 긴장이 높아졌습니다. 이때 한반도를 둘러싼 여섯 나라–우리나라, 북한, 미국, 중국, 러시아, 일본–가 북핵 문제를 해결하려 모였어요. 이를 6자 회담이라 합니다. 여섯 나라는 여러 차례 모여 회담을 갖고 자기 나라의 의견을 말하고 상대의 이야기를 들었죠. 비록 지금은 각 나라의 입장 차이, 북한의 핵실험, 오랫동안 쌓여 온 상대에 대한 불신 따위가 맞물려 중단되었지만 여러 나라가 한자리에 모였다는 사실만으로도 많은 사람들은 희망을 가질 수 있었습니다. 그 희망이 무엇이었냐고요? 적어도 "우리 모두 함께 죽는" 전쟁은 피할 수 있다는 희망이죠.

요즘의 한반도는 어떤가요? 핵과 미사일 개발에 열을 올리는 북한.

동해와 서해에 항공모함을 배치하고 혹여 태평양을 건널지 모를 미사일을 요격할 시스템 만들기에 여념 없는 미국. 패권 국가가 되려고 걸음을 재촉하는 중국. 침략의 역사를 왜곡하고 러시아, 한국, 중국과 영토 분쟁을 벌이며 군비를 확충하려는 일본. 그리고 "압도적인 화력만이 평화를 지켜준다"며 세계에서 네 번째로 많은 무기를 사들이는 한국. 바로 군사력으로 평화를 지킨다는 냉전 시대의 논리가 지배하는 곳이 지금의 한반도입니다.

그래서 누군가 작은 실수를 저지르거나, 조금만 비위가 거슬리면 우리는 "모두 함께 죽는" 전쟁에 휩쓸릴 수밖에 없잖아요. 그렇게 되면 한반도에는 빌딩도, 학교도, 공장도, 집들도, 사람도 없는 폐허만 남게 됩니다. 한국 전쟁 때처럼 말이죠.

그러니 우리가 현실을 체념하거나 외면하지 말고 평화를 만들어 가면 어떨까요. 서로 무기를 더 늘리는 데 애쓰지 말고, 대화 속에서 조금씩 무기를 줄여 가도록 노력하면 안 될까요. 1년에 서로 5퍼센트씩만 무기를 줄이면 10년 뒤에는 50퍼센트 넘는 무기가 한반도에서 사라질 테니 말입니다. 그리 된다면 한반도는 평화의 상징이 될 테고 한국은 국제 사회에서 분쟁과 갈등의 조정자로 나설 수도 있을 것입니다. 여태까지의 '우물 안 개구리'가 아니라 당당한 세계의 일원이 되는 길이지요.

지금 우리는 넓은 바다와 대륙 너머에서 일어나는 일이 곧바로 우리의 삶에 영향을 미치는 시대에 살고 있어요. 오늘날은 지난 세기보다 지역 간의 분쟁이 더 많이 일어나고 있다 합니다. 그 분쟁에 휘말려 어느 한쪽 편을 들려 노력하기보다는 갈등을 해결하는 조정자로 나서는 일이 보람된 일이 아닐까요. 그리고 분쟁에 휩쓸려 죽고, 다치고, 집 없이 떠도는 민간인들을 보호하는 활동이 더 가치 있는 일은 아닐까요.

연표로 보는 한국 전쟁

1950년

6월 25일	새벽 4시, 전쟁 발발
6월 27일	대한민국 정부, 대전으로 이전. 유엔 안전 보장 이사회, 한반도에 군대 파견 결의
6월 28일	북한군, 서울 점령
7월 4일	미군 지상군, 북한군과 첫 전투
7월 7일	맥아더, 유엔군 총사령관에 임명
7월 8일	정부, 비상 계엄령 발포
7월 12일	재한 미국 군대의 관할권에 관한 대한민국과 미 합중국 간의 협정(대전 협정) 체결
8월 18일	대한민국 정부, 부산으로 이전
9월 15일	인천 상륙 작전
9월 28일	서울 탈환
10월 1일	한국군, 38선 돌파
10월 9일	고양 지역 주민 150여 명, 부역 혐의자와 그 가족이라는 이유로 학살당함
10월 10일	유엔군, 원산 점령
10월 19일	중국군 참전
10월 26일	유엔군, 압록강 변 초산까지 진격
11월 13일	전쟁 부역자 5만여 명 검거
11월 24일	계엄 사령부, 부역 혐의자로 사형 선고를 받은 877명 가운데 322명 사형 집행
11월 24일	유엔군과 피난민, 흥남 철수 완료

1951년

1월 4일	유엔군 서울 철수(1 · 4 후퇴)
2월 11일	거창 민간인 학살 사건 발생
3월 14일	서울 재 탈환
6월 6일	철의 삼각 지대에서 격전 계속 진행
6월 23일	말리크 소련 대표, 유엔 총회에서 공식적으로 휴전 회담 제안
7월 1일	북한과 중국, 휴전 회담 수락
7월 3일	유엔군, 휴전 회담 수락
7월 10일	개성에서 휴전 회담 개최
11월 10일	휴전 회담, 군사 경계선 문제에 관해 서로의 안을 제시

1952년

2월 18일	거제도 포로수용소에서 집단 시위 발생
3월 15일	북경 방송, 미군의 세균전 사진 보도
5월 7일	유엔군, 자유의사에 따른 포로 교환안 제시
5월 24일	한미 경제 협정 조인(마이어 협정)
6월 29일	유엔군, 북한의 13개 수력 발전소 완전히 파괴했다고 발표
10월 15일	백마고지 전투, 9일째 계속 진행

1953년

2월 6일	빨치산 토벌 종합 전과 발표(1952~1953년 1월, 교전 횟수 998회, 사살 1,042명, 생포 340명, 귀순 204명)
4월 8일	유엔 정치 위원회, 세균전 조사를 위한 중립적 국제 위원회 설치안 채택
6월 8일	포로 교환에 관한 협정 조인
7월 27일	휴전 협정 조인, 오후 10시를 기해 전투 중지

참고 자료

기관 자료

- 미 국립 기록청(NARA / National Archives and Records Administration) 소장 자료들
- 맥아더 기념관(MacArthur Library Archive) 소장 자료들
- 정용욱, 한국학중앙연구원 편, 『6 · 25 전쟁기 미군 심리전 관련 자료집』 1 · 2 · 3, 선인, 2005
- 국사편찬위원회 소장 자료

국내 도서

- 강성현, 「한국 사상통제기제의 역사적 형성과 '보도연맹 사건', 1925~50」, 서울대학교 박사 학위 논문, 2012
- 김득중, 『빨갱이의 탄생 : 여순사건과 반공국가의 형성』, 선인, 2009
- 김성칠, 『역사 앞에서』, 창작과비평사, 1993
- 김춘수, 「1949년 계엄법 제정과 전시 계엄법 적용」, 『전쟁, 법, 민주주의』 한국제노사이드 연구회 민주화운동기념사업회 공동 심포지엄, 2009
- 김학재, 「한국 전쟁기 봉암도 수용소 사건 이후의 유엔군 포로 정책」, 『극복되지 않은 전쟁』, 한국제노사이드연구회 제1회 국제 학술회의, 2008
- 김학재, 「비상 사태하 범죄 처벌 특별 조치령의 형성과 성격」, 『전쟁, 법, 민주주의』 한국제노사이드연구회 민주화운동기념사업회 공동 심포지엄, 2009
- 김학재, 「한국전쟁과 자유주의 평화 기획」, 서울대학교 박사 학위 논문, 2013
- 대한민국 국방부 정훈국 전사편찬회, 『한국전란1년지』, 1951
- 로이 애플만 지음, 육군 본부 옮김, 『낙동강에서 압록강까지』, 1963
- 박명림, 『한국전쟁의 발발과 기원』 1 · 2, 나남, 1996
- 박태균, 『한국전쟁』, 책과함께, 2005
- 서울신문사 편, 『주한 미군 30년』, 행림출판사, 1979
- 서중석, 『사진과 그림으로 보는 한국 현대사』, 웅진지식하우스, 2005

- 서중석 외,『전장과 사람들』, 선인, 2010
- 서중석 외,『전쟁 속의 또 다른 전쟁』, 선인, 2011
- 역사학연구소,『함께 보는 한국근현대사』, 서해문집, 2004
- 역사학연구소,『교실 밖 국사여행』, 사계절, 2010
- 유병진,『재판관의 고뇌』, 서울고시학회, 1957
- 이선아,「한국전쟁 전후 빨치산의 형성과 활동」,〈역사 연구〉 제13호, 2003
- 이임하,「상이군인들의 한국전쟁 기억」,『전쟁의 기억 냉전의 구술』, 선인, 2008
- 이임하,『전쟁미망인, 한국현대사의 침묵을 깨다』, 책과함께 , 2010
- 이임하,『적을 삐라로 묻어라』, 철수와영희, 2012
- 정용욱,「6 · 25 전쟁기 미군의 삐라 심리전과 냉전 이데올로기」,〈역사와 현실〉 제51호, 2003
- 정용욱,「6 · 25 전쟁기 삐라에 나타난 적의 이미지」,〈내일을 여는 역사〉 제16호, 2004
- 중앙일보사 편,『민족의 증언』1–6, 중앙일보사, 1983
- 진실화해를위한과거사정리위원회,『2008년 상반기 조사 보고서』2권, 2008
- 통계청,『통계로 본 광복 전후의 경제, 사회상』, 1993
- 최태만,「한국전쟁과 미술 : 선전 경험 기록」, 동국대학교 박사 학위 논문, 2008
- 하워드 진 지음, 이아정 옮김,『오만한 제국』, 당대, 2001
- 한국전쟁전후 민간인학살 진상규명 범국민위원회 엮음,『한국전쟁 전후 민간인학살 실태보고서』, 한울아카데미, 2005
- 홍학지 지음, 홍인표 옮김,『중국이 본 한국전쟁』, 고려대학교 중국학 총서 5, 고려원, 1992

해외 도서

- Steven Luckert and Susan Bachrach, *State of Deception, The Power of Nazi Propaganda*, United State Holocaust Memorial Museum